制造方式
对消费者产品购买行为的影响研究

董泽瑞 著

ZHIZAO FANGSHI
DUI XIAOFEIZHE CHANPIN GOUMAI XINGWEI DE
YINGXIANG YANJIU

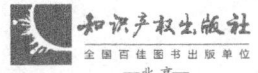

全国百佳图书出版单位
—北京—

图书在版编目（CIP）数据

制造方式对消费者产品购买行为的影响研究 / 董泽瑞著 .—北京：知识产权出版社，2023.9

ISBN 978–7–5130–8745–2

Ⅰ.①制… Ⅱ.①董… Ⅲ.①制造工业—影响—消费者行为论—研究 Ⅳ.① F036.3

中国国家版本馆 CIP 数据核字（2023）第 077267 号

内容提要

本书基于详细的文献梳理和严密的实证检验结果，对制造方式影响消费者产品购买行为的内在理论机制、调节变量和边界机制、理论外延进行了系统综合的分析与论证，丰富和拓展了对制造方式、启发式、产品类别、真实性和文化相关方面的理论研究，同时为不同方式产品制造商和销售商及营销人员提供了相应的理论和实践指导，并就如何保障手工业的稳定发展、保护传统文化、提高文化认同、构建文化传承的良好机制提供了对策建议，具有重要的理论和实践意义。

本书适合市场营销、企业管理等领域的人员阅读参考。

责任编辑：彭喜英　　　　　　　　　　责任印制：孙婷婷

制造方式对消费者产品购买行为的影响研究
ZHIZAO FANGSHI DUI XIAOFEIZHE CHANPIN GOUMAI XINGWEI DE YINGXIANG YANJIU

董泽瑞　著

出版发行	知识产权出版社 有限责任公司	网　址	http：//www.ipph.cn
电　话	010–82004826		http：//www.laichushu.com
社　址	北京市海淀区气象路 50 号院	邮　编	100081
责编电话	010–82000860 转 8539	责编邮箱	laichushu@cnipr.com
发行电话	010–82000860 转 8101	发行传真	010–82000893
印　刷	北京中献拓方科技发展有限公司	经　销	新华书店、各大网上书店及相关专业书店
开　本	720mm×1000mm　1/16	印　张	13.5
版　次	2023 年 9 月第 1 版	印　次	2023 年 9 月第 1 次印刷
字　数	200 千字	定　价	78.00 元

ISBN 978–7–5130–8745–2

出版权专有　侵权必究
如有印装质量问题，本社负责调换。

前　言

技术进步和智能化制造的发展加速了创新，提高了生产率，改变了经济的发展方式及制造业的模式。越来越多的产品以机器制造的方式生产，机器制造实现了精确化、规模化生产。机器制造成为高质量和标准化的代名词，为人们提供了制式精确的高质量产品。然而当今机器年代，消费者反而更怀念手工制造的产品，出现了手工制造的手表、包、玩具、珠宝、吉他、板鞋、眼镜等众多手工产品，而且其规模还在不断扩大。

全球最大的在线手工制品零售平台 Etsy 的报告指出，从 2016—2021 年，其营业收入增长了 638%；而中国产业信息网的信息显示，2020 年国内手工市场产值已达 9992 亿元，并呈现快速增长的趋势。英国广播公司（BBC）和《纽约时报》也对手工制品和 Etsy 的快速发展进行了报道。2016—2022 年中国民间手工艺品市场运营投资分析报告对手工制造做了一个定位：传统手工艺术是一个国家民族文化和智慧的沉淀，人类文明无论向何处发展，这种手和心互动的创造能力都不会过时。著名的手工玩具制造商凯特克鲁斯（Kathe Kruse）认为只有双手才能尊崇和回溯内心。

随着互联网和电子商务的发展，各大制造商都建立了线上销售渠道。除 Etsy 之外，著名电商亚马逊也开辟了自己的手工产品销售平台 Amazon Handmade。此外，还有 ArtFire、SuperMarket、DaWanda、Zibbet、Cargoh、iCraft Gifts、ShopHandmade 等众多在线平台提供手工制造相关的产品，这些平台不仅为产品的制造商提供销售平台与技术支持，还提供网络论坛和博客，卖家可以从其他人那里获取产品制作灵感，分享、推广自己的产品。电商平台 Bonanza 还为卖家提供了免费试用版本，德国精酿啤酒品牌 ShopHandmade 平台提供了 pay what you can 收费系统，佣金由卖家决定，甚至可以不付费用发布产品。在我国，也有很多从事手工艺品生产与销售的个体，为社会经济生活贡献自己的力量。手工制造的产品包含地方文化因素的影响，对于保护和传承地方文化具有重要作用。保持手工制造业的良性健康发展，不仅关乎社会公平正义，对于中华传统文化的传承也具有重要作用。

现有关于不同产品制造方式的研究，针对手工制造主要聚焦于采用访谈或调研的形式对某地区或某行业的手工制造情况进行深入分析，或以历史回顾性文献总结相关行业发展历史，或采用具体的营销策略对某手工行业进行分析，对全球化背景下手工业所面临的压力及未来的出路进行探索，试图为行业发展提供一定的实践指导。此外关于手工制造对个体心理和行为的影响研究也在逐步展开，并获得了国外研究者的关注，但研究聚焦于手工制造对于个体记忆的影响或基于某一具体的情境（如送礼物情境）对手工制造对个体的影响进行分析。关于技术和机器制造的研究也在迅速兴起，研究关注技术的矛盾性及技术进步给个体认知和情绪带来的压力和消费者的应对策略，也有研究者开始关注机器制造对于个体身份确证行为的负面影响。现有关于不同制造方式对消费者产品购买行为影响的文献较为分散，缺乏系统性的相关研究，缺少应用成熟理论对不同制造方式影响消费者购买决策心理机制进行探索的研究。本书基于理论核心（研究一）—理论调节边界（研究二）—理论外延（研究三）的思路构建了三个子研究，并通过 12 个不同的实验，采用半结构化访谈、系列实验和大数据建模的方式对不同制造方式影响消费者产品购买意愿和购买行为的相关内容进行系统、全面的研究。

首先，研究一通过系列实验的方式对制造方式影响产品购买的主效应进行了探索验证，并对不同制造方式影响产品购买的内在解释机制——努力启发式和感知独特性价值进行了检验,并围绕研究的核心解释机制从个体层面和情境层面构建调节变量,对本研究理论机制的稳健性进行侧面验证。本研究实验一通过操纵方式将产品的制造分为手工(vs 机器 vs 无制造信息)方式,并通过不同的刺激物验证了制造方式对产品购买的主效应,即将产品以手工(vs 机器 vs 无制造信息)方式呈现会获得消费者更高的购买意愿,机器制造组和无制造信息组产品购买无差异。实验二聚焦于手工制造和机器制造的本质区别——产品包含个体(生产者)努力的多少,从理论机制构建视角,验证了努力启发式和感知独特性价值在制造方式对产品购买影响过程中的链式中介作用。实验三从个体层面视角检验了个体独特性需求差异的调节作用,研究结果发现具有高独特性需求的个体会从手工制造的产品中获得更多的感知独特性价值,手工制造的积极效应得到加强。实验四从消费情境入手,检验了消费者在公开情境中会感知到更高的独特性价值,进而促进对手工产品的购买。

其次,在研究二中本书从理论机制完善和理论边界探寻的角度,对产品类别在制造方式对产品购买影响过程中的匹配机制进行了研究,并对其内部机制进行了探索验证。研究通过操控中介的方式对理论机制的稳健性进行了检验,并检验了感知价格在制造方式和产品类别匹配对产品购买影响过程中的边界作用机制,采用大数据建模的方式对研究的主要结论进行了验证。本研究实验一的研究结果证实,对于享乐品,消费者更希望其以手工的方式进行制造;对于功能品,消费者更喜欢其以机器的方式制造。实验二则检验了感知产品差异(perceive product variance)在制造方式和产品类别匹配背后的理论机制。实验三通过操控中介的方式对理论机制的稳健性进行了检验,发现在高感知产品差异组,无论功能还是享乐,消费者都购买手工制造的产品;在低感知产品差异组,无论功能还是享乐,消费者都购买机器制造的产品;控制组重复了之前实验二的结论。实验四检验了感知价格在制造方式对产品购买影响过程中的边界作用机制,研究结果证实,在高感知价格组,无论功能还是享乐,消费者都购买手工制造的产品；在低感知价格组，无论功能还是享乐，消费者都购买机器制造的产品；在中间价格组，消费者大多购买手工制造的享乐品和机器制造的功能品。实验五则以大数据建模的方式对实验一和实验四的结论进行了验证。

最后，在本书的研究三中探索验证了真实性和文化兴趣在制造方式对产品购买影响过程中的作用机制，研究从手工制造包含的文化因素入手，基于真实性相关理论构建模型。本研究实验一的结果表明，在后现代消费者文化中，手工制造的产品比机器制造更受消费者欢迎。实验二检验了真实性和文化兴趣的序列中介效应，并根据研究情境和研究需要将真实性划分为原真实、建构真实和自我真实三个维度，运用 Process Mode 和 Amos 结构建模的方式分别检验了它们在制造方式对产品购买影响过程的作用。实验三对影响文化兴趣的重要因素——地理空间距离的调节作用进行了检验，研究结果证实消费者对远距离的手工产品有更高的文化兴趣，进而提高产品购买意愿和购买行为。

本书基于详细的文献梳理和严密的实证检验，通过多方法融合的方式对制造方式影响消费者产品购买的内在理论机制、调节变量和边界机制、理论外延进行了系统、综合的分析与论证，不仅丰富了制造方式、启发式、产品类别、真实性和文化相关方面的理论研究，也为不同方式产品制造商和销售商及营销人员提供了相应的理论指导和实践启示，并从国家政策层面就如何保护手工业的稳定发展、保护传统文化、提高文化认同、构建文化传承的良好机制等提出了对策建议，具有重要的理论和实践意义。

本书的部分研究工作是笔者在南开大学商学院攻读博士学位和在复旦大学管理学院进行访学期间完成的，在此向博士指导老师杜建刚教授、访学期间合作导师范秀成教授表示衷心的感谢。杜老师和范老师渊博的学识和严谨的治学态度对我的学习和科研产生了重要影响，坚定了我的学术信念。笔者现工作单位太原理工大学经济管理学院栗继祖教授、陈怀超教授等师长都在书稿撰写过程中提出了很多有益的建议，在此表示感谢。

前言

本书的出版得到国家自然科学基金重点项目"转型升级背景下消费者幸福感形成机理与提升策略研究——基于享乐论和实现论平衡视角"（71832002）和国家自然科学基金项目"消费者新产品购买后产品抗拒与使用研究——基于习惯改变与形成理论视角"（71972107）的资助，在此表示感谢！

由于笔者水平和写作时间等所限，书中难免存在不足之处，敬请读者批评指正。

目 录

第一章 绪 论 ··· 1
    第一节 研究背景与问题提出 ··································· 3
    第二节 研究设计 ·· 13
    第三节 主要创新点 ··· 20
    第四节 本章小结 ·· 22

第二章 文献综述 ··· 23
    第一节 制造方式相关研究评述 ································· 25
    第二节 努力启发式相关研究评述 ······························ 43
    第三节 产品类别与产品价格相关研究评述 ···················· 60
    第四节 真实性理论相关研究评述 ······························ 73
    第五节 本章小结 ·· 84

第三章 制造方式对产品购买的核心影响机制 ···················· 87
    第一节 理论分析与假设提出 ··································· 89
    第二节 实验一：制造方式的主效应检验 ······················ 94
    第三节 实验二：努力启发式和感知独特性价值的中介作用 ··· 99
    第四节 实验三：独特性需求个体差异的调节作用 ············ 104
    第五节 实验四：消费情境的调节作用检验 ··················· 107
    第六节 本章小结 ·· 111

第四章　产品类别在制造方式对产品购买影响过程中的匹配机制……113
第一节　理论分析与假设提出……115
第二节　实验一：制造方式和产品类别的匹配效应……121
第三节　实验二：感知产品差异的中介作用……125
第四节　实验三：感知产品差异的操控与探索验证……129
第五节　实验四：感知价格的边界作用机制……135
第六节　实验五：基于大数据的建模与实证检验……140
第七节　本章小结……145

第五章　真实性和文化兴趣在制造方式影响产品购买中的作用机制……149
第一节　理论分析与假设提出……151
第二节　实验一：文化背景下制造方式的主效应检验……156
第三节　实验二：真实性和文化兴趣的中介解释机制……160
第四节　实验三：地理空间距离的调节作用……165
第五节　本章小结……168

第六章　结论与展望……171
第一节　研究结论……173
第二节　理论贡献与实践价值……177
第三节　未来研究展望……182

附　录　个体独特性需求测量表……185

参考文献……189

绪 论

本章主要从三个方面对本书的相关内容进行了介绍。首先，本章对不同制造方式的研究背景进行了介绍，分别从手工制造、机器制造相关研究的现实背景和理论背景方面进行了整理分析。在此基础上，引出本书有关制造方式对产品购买意愿/行为（下文提到产品购买均指产品购买意愿/行为）影响的相关研究问题，并对研究问题进行了梳理与总结。其次，对研究所采用的主要研究方法、相关的技术路线图及本书的结构安排进行了介绍。最后，对所研究问题的主要创新点进行了说明与总结，力图通过介绍为相关阅读者和学习者提供一个清晰和明确的思路。

第一节 研究背景与问题提出

一、现实背景

工业4.0（Industry 4.0）时代，在技术进步和机械智能化高度发达的今天，机器标准化生产逐渐代替手工制造，机器制造成为高质量和标准化的代名词。制造业智能化水平的提高，有助于建立具有适应性、资源效率高和高度智能化的智慧工厂，而互联网基础设施工程和网络实体的快速发展，赋能新一代信息技术，进行产品工业设计和智能化生产。智能供应链的发展也为智能制造的发展和产品的设计、制造、销售提供了便捷和全方位的保障，提高了企业发展的韧性和可持续性。新技术的涌现也能够将供应商、制造商、销售商的信息数据进行整合，从而快速、精准地响应客户需求。

现代智能制造的一个新趋势也是力图实现由集中式控制向分布式、分散式的增强型控制转变，目的是实现一种高度灵活的产品和服务制造及生产模式。智能工厂的建立也为网络化分布式生产设施的实现提供了基础，智能生产的实现则需要依托新技术，智能供应链的建立则是智能制造和智能生产的服务支撑。

工业4.0的本质是致力于实现以同质化、规模化的成本，构建出异质性和定制化的产业，助力产业变革和产业结构改革的实现。而消费者驱动的商业模式更新也是工业4.0的重要一环，赋能新型商业模式的产生。

2015年5月，国务院正式印发《中国制造2025》，部署全面推进实施制造强国战略。机器制造方式提供了制式精确的高质量产品，备受青睐。机器制造的产品充斥着消费者生活的各个方面，为个体生活提供便利。甚至在很多智能化发达的地区出现了"无人工厂"，这些工厂为消费者提供性能和制式恒定的优良产品。智能制造的核心是带有信息功能的硬件产品，而随着柔性制造和软性制造的发展，顾客群体的一些个性化的需求和小批量定制服务也将变得更加广泛。制造业依托新一代工业互联网实现机器互联、大数据分析，提升生产效率，实现数字工业。普通制造业的转型升级关乎国民经济发展大局，关乎中国制造业在世界市场的发展大局，推动制造业由大变强，产品范围的丰富与拓展由普通消费领域到技术含量高的重大装备制造业都对中国制造意义重大。提升中国制造的核心竞争力、塑造中国品牌在世界市场的影响力是政府、企业界和学术界都关注的重要问题。中国制造的快速发展有利于促进消费品标准和质量的全面提升，为消费者的升级需求提供有效供给。中国制造也在不断地进行产能优化与结构优化，对传统产业进行转型升级，优化空间布局，打造和培育一批具有核心竞争力的产业集群和企业群体，制造业在产业集群和产业规模化发展的提质增效道路上不断发展。

随着人工智能和深度学习技术的发展，制造业企业基于人工智能、大数据和机器学习驱动的新一代信息技术可以赋能企业精准预测市场需求，助力产能适配，强化供需匹配，促进制造业企业持续健康发展。为此，智能制造企业在新技术的发展和支持下获得了越来越快的发展，相关的机器智能产品能够满足消费者多样化的需求，集成化的智能制造技术能够快速、有效地响应市场需求，进行敏捷制造和差异化生产。

第一章 绪 论

工业自动化和新一代信息技术的深度融合及集成是现代智能制造业的核心和关键。近年来，突发性公共卫生事件对工业生产实践的影响受到政府、企业管理者和学界的重点关注，供应链的柔性和稳健性受到了极大的挑战，突发性公共卫生事件为人员和货物的流通带来了极大的影响。在全球价值链重塑阶段，对于企业而言，挑战和机遇并存，制造业企业对于智能化、数字化、信息化的需求愈发明显。企业依托新一代信息技术的最新成果进行供应链治理，增强组织韧性，依托数字化转型，提高生产效能，为智能制造打造坚实的基础。因此，智能工厂、智能生产、智能物流得到了跨越式发展。智能制造企业的不断进步和演进也为机器制造产品丰富市场、满足消费者需求提供了坚实的基础。

在当今机器年代，手工制造的产品依然活跃在销售市场中，备受人们青睐，出现了手工制作的面包和三明治（Pret A Manager，Udi's）、香皂和化妆品（Lush）、吉他（Candelas）、板鞋（Vans）、眼镜（Armani）、刀具（Cut Brooklyn）、家具和家居用品（Etsy）、酒（Columbia Crest）、餐具（Gmundner），而且其规模还在不断扩大。国内有相当一部分手工产品，包括手工制造的书签、玩具、挂件、瓷器、紫砂壶、提包、毯子、乐器……而众多的手工艺品背后不仅包含匠人精工细作、追求卓越的工匠精神，更重要的是还蕴含文化因素，作为文化传承重要载体而受到人们的喜爱。党的二十大报告也提出了要"推进文化自信自强，铸就社会主义文化新辉煌，建设社会主义文化强国，激发全民族文化创新创造活力"，手工制造行业对于文化的传承与认同都具有重要的作用。习近平总书记强调要推动文化产业高质量发展，健全现代文化产业体系、市场体系，推动各类文化市场主体发展壮大，培育新型文化业态和文化消费模式，以高质量文化供给增强人们的文化获得感、幸福感。而高质量的产品生产和服务供给是文化产业发展的主要方向，为此要创造思想精深、艺术精湛、制作精良的文化产品，着力丰富个体精神文化生活，不断提高中华文化的实力和影响力。

全球最大的在线手工制品零售平台 Etsy 的报告指出，从 2016—2021 年，其营业收入增长了638%；而中国产业信息网的信息显示，2020年国内手工市场产值已达9992亿元，并呈现快速增长的趋势。在英国广播公司（BBC）的一篇报道中报道了德国精酿啤酒品牌Paul Martin's的手工革命（Barber, 2013）。在2016—2022年中国民间手工艺品市场运营态势及投资战略分析报告里对手工制品做了一个定位：传统手工艺术是一个国家民族文化和智慧的沉淀，人类文明无论往哪个方向发展，这种手和心互动的创造能力都不会过时。著名的国际手工玩具和玩偶制造商Kathe Kruse的经营哲学认为，双手才能尊崇和回溯内心（The hand follows the heart. Only the hand can make what goes back through the hand to the heart.）。

随着互联网经济和电子商务的发展，各大制造商都在建立自己的线上销售渠道。除全球最大的手工制品在线销售平台Etsy之外，著名电商亚马逊也开辟了自己的手工产品销售平台（Amazon Handmade）。根据智能跨境电商服务平台的统计，除Etsy和亚马逊外，还有ArtFire、SuperMarket、DaWanda、Zibbet、Cargoh、iCraft Gifts、ShopHandmade等众多线上平台提供手工制造相关的产品。在国内市场方面，电商京东和天猫都提供了大量的手工产品的销售渠道，为消费者购买手工产品提供了方便。此外，随着短视频平台抖音（TikTok）、快手、微视、火山小视频、美拍等的迅速发展，涌现了大量的原创短视频制作者，其中就有众多的手工艺人在线直播销售自己制作的手工产品。这些在线平台不仅为产品的制造商提供了销售平台与技术支持，还提供网络论坛和博客，用户可以从其他卖家那里获取产品灵感或分享推广自己的产品。而Bonanza还为卖家提供免费试用版，ShopHandmade网站易于试用，平台提供pay what you can收费系统，由卖家决定佣金，卖家可以不付任何费用来发布产品。

在我国，仍然有很多从事手工艺品生产与销售的个体和企业，为社会经济生活贡献着自己的重要力量，而这部分从业者的收入与生存状态关乎社会公平和正义。部分手工产品的制造者在欠发达地区，经济条件相对落后，做好手工行业的相关保障工作对于增加低收入者收入、减少贫富差距、实现共同富裕的

第一章 绪 论

目标具有重要战略意义。随着突发性公共卫生事件的发生，经济落后地区的供应链柔性和韧性较弱（抵御经营风险的能力更弱）和产品的销售更容易受到影响，如何制定相关的保障性政策，建立切实的公共服务平台帮助手工产品生产者做好产品的销售工作关乎民生问题，助力手工产品生产者实现有效的产品生产和销售等良性过程对增加落后地区人口的可支配收入、保障低收入者的日常生活、维护社会公平和正义影响巨大。

在经济高度发达、制造业产业智能化高度发达的美国有接近 7000 万人（约占美国总人口的 21%）从事手工艺品的相关工作，仅仅在零售端的工艺品销售额就累计达 439 亿美元。而美国的众多网络手工制品平台（如 Etsy、eBay 的手工专区、祖母的地下室收藏等）也经营出色，聚集了一批极富影响力和号召力的手工艺品设计师，包括众多新潮的技术设计师，平台也受到了相关风险投资公司的大量支持，网站以其独特的经营角度为顾客提供非凡的体验和服务。

以上的相关论述表明，在现实生活中，机器制造的产品充斥着人们生活的方方面面，而手工制造的产品同样备受消费者青睐，占有非常重要的市场。同时手工制造的工艺品是传统文化的重要载体，对于民族文化的传承与认同具有重要影响。因此，本书拟探讨不同制造方式产品对消费者购买意愿/行为的影响并对其理论机制进行深入探索，此外对手工制造产品在传承文化当中的相关机制也进行了解读。这不仅有助于手工制造的制造商进行合理有效的市场定位，满足消费者的需求，对日益智能化的机器制造模式进行分析，对其把握市场，提高产品质量，为消费者提供优质产品具有实践指导意义，同时也为手工业从业者的生活提供保障，增加收入，传承民族文化提供启示。

二、理论背景

在关于不同制造方式的相关理论研究方面，主要聚焦于对某类手工产品的原产国产值进行分析或者对某一特定行业手工艺品进行分析等宏观层面的分析。在消费者微观心理层面，应用相关成熟的理论对不同制造方式对消费者产品购买影响因素方面有部分学者进行了一定的基础研究工作，并进行了相关的理论开发与检验，做了前期的探索与理论挖掘工作。针对制造方式对消费者产品购买意愿/行为影响的驱动机制，消费者购买不同制造方式产品的影响因素（包括个体因素、产品因素、情境因素等）尚未有学者进行相关系统而全面的研究，不同制造方式产品背后所蕴含的文化因素也未得到有效和深入的挖掘。

理论上的深入挖掘是研究得以深入开展的基础。在本书中，先对过往关于不同制造方式产品的相关研究做了梳理和总结，从理论上对相关研究的进展进行综述性总结，对研究中可能进行进一步深入探讨和需要进行实证检验的部分进行整理，以期为接下来研究理论模型的构建和实证检验开展提供坚实的基础。过往关于手工制造和机器制造的相关研究主要聚焦于以下几个方面。

第一，聚焦于采用质性访谈和调研（如田野调查、定向调研……）的形式对某一地区或某一行业的手工制造情况进行深入分析，或通过历史性文献的回顾总结甚至通过民族志研究的方式进行总结和记录，以期为手工业发展提供合理的指导。例如，内贾德等（Nejad et al.，2013）通过对20个地毯行业企业领导者的访谈，用质性分析的方式从营销绩效（marketing performance）、操作绩效（operational performance）和顾客满意（customer satisfaction）等方面对企业提高供应链管理水平及对提高产品的设计与制作提供了相关的建议。而在哈勃等（Hubbe et al.，2009）关于手工造纸的历史、工艺和科学发展的研究回顾当中，对有将近2000年历史的造纸工艺进行了系统的回顾，对手工造纸的历史进程和其文化启示进行了回顾，并指出了现在的手工造纸更多的是一种艺术存在形式（art form）。这些基础性的调研深入生产实践一线和相关梳理工作对手工制造的历史进行了回顾,此外部分理论性的文章对手工业的发展从整体上进行了研究并提出了一定的政策建议。但是这些回顾的文献和分析针对的是一个地区或者一个非常细致的行业,缺乏对整个行业的全局性的分析与总结,本书的研究在这一方面进行了继续的深入与探讨。

第二,关于如何采用成熟的营销策略帮助手工行业或某一手工产业实现发展,相关学者也进行了一定的探讨并取得了一定的结论,这对于指导手工业良性健康发展具有重要作用。例如,有研究者(Aghdaie et al.,2012)采用SWOT对伊朗的手工地毯进行了分析,通过历史资料和访谈的方式进行归纳整理,对手工地毯经营过程中所面临的威胁(treats)(尤其是机器制造地毯产量的增加、经济形势变化如经济回落),机会(opportunity)(技术进步和政府的大力扶持),优势(strengths)(历史积淀、产品设计和染色的技术经验积累),劣势(weaknesses)(现代市场营销方式掌握不足和工作坊数量的逐渐减少)进行了分析。研究者试图通过营销策略的分析为相关行业提供相应指导。在雅各布(Jakob,2012)的研究中,随着全球经济增长下行压力的增大,手工行业反而得到了较大的发展,有相当数量的个体从事相关行业增加自己的收入、改善物质生活条件。随着 Etsy 等线上手工平台的发展,相关行业从业者的人数反而得到了较大增长。现在手工艺品也不再单纯的是一种爱好,产品反映自己的审美取向,更成为一种稀奇的娱乐休闲活动。手工产品的制作方式属于地区性、地域性的生产模式,而伴随着全球化,手工制造受到了一定的冲击与影响。有学者(Vadakepat et al.,2012)对印度农村地区的手工制造行业进行了针对性的分析,运用 4P 理论❶对农村地区手工产品的价格(convenient pricing)、产品(product awareness)、创新(innovative distribution)和消费者服务(customer service)进行了相关分析并提出了相关的对策建议。上述分析还是基于成熟的市场营销策略对某一地区或者某个行业的发展态势进行了相关分析,相对来说

---

❶ 4P 理论,一般指 4P 营销理论,即产品(Product)、价格(Price)、推广(Promotion)、渠道(Place)。

都是宏观层面上的总结与分析，缺乏一般层面和个体层面上的对不同制造方式产品影响消费者购买的心理分析。

　　第三，关于不同制造方式对消费者购买心理的影响研究聚焦于记忆等方面，主要以理论和质性分析为主。例如，在卢图宁（Luutonen，2008）等关于手工产品对记忆的影响研究当中，研究者采用产品本质分析（product essence analysis）通过3个阶段对产品如何承载记忆进行了研究。先对产品进行第一印象（first impression）分析，然后进行深入理解（depth study），最后基于个体认知进行个性化的解读。第一阶段主要是基于个体感觉知觉的判断，第二阶段依据相关信息进行个体理解与决策，而在第三阶段则依赖消费者的理解感知产品所蕴含的意义（meaning and understanding），文章的主要贡献还是聚焦于个体或消费者对产品的理解是递进的、分层次的。此外，在富克斯等（Fuchs et al.，2015）关于手工制造的标签效应（stated production mode）研究中发现，在赠送礼物的情境下，标记为手工制造的产品会被认为包含更多的赠送者的爱（contain love）而更加受欢迎，在文章中研究者认为产品的制造方式更多的是商家宣称的一种方式而并非产品真正的实际制造方式。近期的研究（Granulo et al.，2021）则关注了在公开消费情境中，消费者更加偏好购买更多包含人类劳动的产品，这是因为在公开的环境当中，个体会有更强的区别于其他人的独特性需求动机，而具有不同独特性需求的个体则在研究结果的差异性上表现出了不同。在国际最新的研究中，也有研究者开始关注产品所包含的信号价值，产品并不只是满足个体某种经济学上的效用（economic reasons），产品依然包含大量的非经济学的社会价值、信号价值等，而这些非经济价值很容易受到研究人员的忽视，而产品作为个体的一种无形的延伸会刻画消费者的价值观与信念（董泽瑞 等，2020；Schnurr et al.，2022）。手工产品由制造者亲手制造，很多手工产品都可以进入艺术品和奢侈品的行列，包含制造者的劳动（这种劳动不仅体现为体力上的付出，往往还包括关于产品的设计、灵感、产品的工序等众多的脑力上的付出），产品设计的独特成就了手工产品的与众不同，更彰显了产品制造者的专业技能。市场作为检验产品的试金石，只有被市场接受和认可的产品才能获得持续的、良性的发展。同样，产品制造者作为个体有强烈的被尊重、被重视、被认可的需求，因此无论是市场还是个体，手工制造产品的成功出售意味着自己制造的产品得到了认可，会带来心理确证（self-validation）从而增加制造者的信心，助力个体实现快乐，实现个人价值。

过往研究对不同制造方式对消费者产品购买行为的影响进行了初步的探索和验证，并进行了相应的理论构建与实证检验，而研究所得出的结论存在较大的情境依赖性和条件性。过往研究并未对不同制造方式的本质差异进行深入和系统性的探讨，而不同制造方式影响消费者态度形成和产品购买的内部机制有待进一步深入研究。

根据以上理论梳理和总结，本研究拟通过定性和定量、实验设计和大数据的方式对不同制造方式产品影响消费者购买的主效应、内在机制、调节作用和边界条件进行系统全面的论证与检验，同时对手工制造的外延——对于文化的重要影响进行深入探讨与实证检验，以期为不同制造方式产品制造企业提供理论指导，并为手工制造行业的良性健康发展提供策略意见，为国家文化认同与文化传播提供一定的理论指导。

三、研究问题提出

在充分和细致地对现实背景和理论背景分析的基础上，本书对于制造方式如何影响消费者的购买行为及其内在机制、边界条件及理论外延进行了深入探索验证。不同于以往聚焦某一行业（Nejad et al., 2013；Hubbe et al., 2009），或者应用某一宏观营销策略（如SWOT）对某一手工行业进行的研究（Aghdaie et al., 2012），本研究聚焦于消费者心理和行为层面，旨在研究不同制造方式的产品对消费者偏好建构和购买意愿/行为的影响机制、内涵及理论外延，具体的研究问题聚焦于以下三个方面。

其一，围绕制造方式和产品购买意愿/行为两个核心概念。同样的产品，手工制造是否比机器制造能获得消费者更高的偏好及青睐，目前关于制造方式背后人的因素（不仅包括价值共创过程中的劳动参与，还包括消费行为对于身份确证的影响等一系列和人有关的因素）的相关研究正在受到相关研究者的重视，现有文献仅聚焦于某一行业或某一区域，具有相对的局限性和情境性，无法从普遍意义上揭示不同制造方式对消费者产品购买行为的影响。本研究先对手工制造和机器制造的概念进行界定，区别于 DIY（Do It Yourself）、宜家效应（the IKEA Effect）、价值共创（Value Co-creation）的定义，本研究强调不同制造方式的本质区别，即产品所包含人工努力（human labor）的多少。而根据启发式相关理论和信息加工理论，制造方式会影响消费者心理和认知的哪些变化？这些都是本研究要探讨的主要内容。

其二，任何理论都存在稳健性和适用性问题，即理论的边界问题，制造方式对产品购买行为如果存在积极的主效应，这种主效应的适用范围是什么？是否存在其他可能的调节变量？是否在有些情况下消费者反而更加青睐机器制造的产品？手工制造的积极效应是否会出现逆转？如影响产品核心使用的产品功能定位、产品类别划分、消费者本身持有的产品购买目的。而作为产品价值外在表征的价格（作为产品最重要的显性特征和信号之一），又在制造方式对个体产品购买的影响过程中是否具有调节或边界作用机制？这些也是本研究亟待解决的问题。

其三，在手工制造产品当中，由于产品凝结了匠人的心力智慧，而手工产品又聚集在某一局部地区、某个地方（local area）进行生产，同时由于手工产品具有当地的传统文化，承担着文化传承和推广的作用。因此有必要对手工制造产品影响消费者文化感知、文化兴趣进行理论探索和验证，而这种影响是稳定的还是情境性的，是否受其他重要变量所影响也需要进一步深入研究，以提高文化传承的效率。此外，手工制造产品在一些地区具有吸收有效就业、提供劳动力岗位、提高人民收入的作用，因此保护这些地方的手工文化产业，保护从事手工业者的基本收入和安定生活，对于兼顾社会主义公平正义，保持文化产业健康发展具有重要作用。

综上所述，本书将基于实践发现—理论内核—理论调节与边界—理论外延的研究思路，采用递进的方式与多研究方法融合的方式对不同制造方式影响消费者产品购买行为的系列问题进行深入的分析与探讨。对不同制造方式产品吸引消费者购买行为的理论机制、重要调节和边界机制及文化相关研究问题进行文献梳理、理论分析与研究模型的构建，并基于系列实验、结构建模和大数据分析的方式对研究模型进行实证检验，通过多方法融合的方式对研究模型的有效性和研究的稳健性进行全面分析，最后基于研究结论对理论和实践意义进行深入探讨，并在此基础上形成一定的政策建议，以助力相关产业健康持续发展。基于理论探索的实践启示不仅是理论走向丰富的途径，也是实践得以拓展和完善的方式。

第二节　研究设计

在本节当中，首先对本书所采用的主要研究方法进行介绍，目前主流的研究方法主要包括定性研究方法和定量研究方法，而在本研究中主要采用的研究方法包括半结构化访谈、实验方法（包括实地实验和系列实验）、大数据挖掘与结构建模；然后对本研究的技术路线图进行梳理和归纳；之后对本书各个章节的主要内容和结构安排进行概括性介绍；最后对本研究的主要创新点进行论述并对本章内容进行小结。

一、研究方法

本研究在消费者深度访谈的基础上对主要的研究构念进行探索性分析，之后采用实验室实验、实地实验的方法对主要核心假设进行验证，同时结合目前较为先进的数据挖掘与结构建模方法对本书的主要结论再次进行验证，以确保研究的外部效度和稳健性。

第一，结构化访谈。在基础文献不是特别充分，研究构念有待进一步探索的情况下，适合采用深度访谈的方式对主要构念进行探索性的挖掘，以便识别出制造方式影响消费者购买的主要心理机制和边界条件，为本书理论模型的建构提供初步的基础。结构化访谈作为质性研究的重要方法之一，是通过系统化地收集和分析原始资料并对其进行归纳和演绎，揭示现象背后深层次理论的重要方法，采用半结构化访谈对相关概念进行初步探索，为后续研究提供必要的理论准备和基础。

第二，实验方法。在定性研究的基础上，需要进一步的实验来进行定量检验与分析。实验方法是在构建合理研究情境的基础上，对研究被试给予不同的信息或者刺激物，研究变量之间的因果关系。实验方法具有良好的测量效度，是重要的探究变量之间关系的方法，本书通过实验方法对不同制造方式影响消费者购买的内部影响因素、边界调节和文化相关影响进行了探索验证。

第三，数据挖掘与建模。在实验研究探明相关机制的基础上，为了扩展理论的外部效度，采用大数据挖掘与结构建模的方式对本书的核心假设进行了验证。实验研究一个较为重要的缺陷是样本的同质性较高，导致实验结果的外部效度较低。本书采用大数据获取、挖掘和分析相关技术，从 Etsy 获得大量的产品描述与评论的相关数据，并依托数据检验构建的理论结构模型，对主要研究结论进行验证。大数据研究方法作为一种正在被广泛应用的重要方法，可以有效弥补实验研究的不足，并对理论的稳健性进行检验。过往的学术研究强调理论的可检验性、可重复性，在实验验证方面获得了长足的发展，而对理论的探索和开发重视不够，随着研究的不断深入，可用于对现有实践作出指导和解释的理论变少或者理论的解释力不断下降，为此在本研究中，研究者力图通过将定性研究方法和定量研究方法进行合理充分的应用，助力理论开发与指导实践。多方法融合的方式将是未来研究的主流之一，其优势不仅在于理论的探索和发展，更有利于研究结论的稳健性以及相关研究分支的充分发展。

二、技术路线图

在前述现实背景和理论背景论述、研究方法介绍的基础上，本书首先对制造方式、努力启发式、产品类别、产品价格与真实性及文化兴趣相关理论进行了回顾，并对现有文献研究的不足进行了整理总结。基于文献的详尽梳理、归纳和总结，对本书中的核心构念进行理论界定与区分，对研究的主要概念及不同制造方式予以定义。同时对本书中涉及的管理学、经济学和心理学的相关理论也进行了相应的总结，如产品类别、感知质量、文化兴趣……为文章模型构建和假设的提出提供坚实的理论基础。

其次，基于上述理论分析和相关概念的总结，基于理论内核—理论边界—理论外延的研究思路，构建了三个核心研究。利用三个子研究，递进式地对制造方式影响产品购买的理论机制（第三章）、理论机制的稳健性和边界调节（第四章）进行研究，并依托真实性和文化相关理论对手工制造的外延进行了探索验证（第五章）。每个子研究都招募了不同的研究被试，包括文章核心变量的操控、变量的测量及竞争性假设的排除，而实验设计具有高度的严谨性，每个研究的不同实验都经过了多次沟通和调整。同时应用网络爬虫技术获得最大的手工网站产品相关信息，并构建了基于数据挖掘的大数据模型来对本研究的主要结论进行验证，扩展理论模型的外部效度和对研究结论的鲁棒性进行验证。

然后，进行了数据的收集及处理工作。本阶段主要应用 Nvivo、SPSS、Python、Stata、八爪鱼等数据处理工具，对获得的数据进行了基于文本的整理和编码分析、组间方差分析、中介效应检验、有调节的中介检验、负二项回归、简单坡度分析（spotlight）等数据处理工作。

最后，依托本书各个研究不同实验的数据处理结果得出主要研究结论，并对结论进行理论分析，对未被验证的假设进行理论解读与深入分析，并对假设未被验证的可能原因进行探寻并进行了必要的文献发掘与探索。同时依据本书的研究结论，揭示了理论意义与实践意义，并对可能存在的不足之处以及未来可能进行的研究方向进行展望。

本书的技术路线如图 1.1 所示。

三、结构安排

本书旨在探究和解释不同制造方式产品对消费者产品购买意愿/行为影响的内在机制和边界调节，同时检验了文化在制造方式对产品购买影响过程中的作用。基于理论内核—理论调节与边界—理论外延的研究思路，构建了本书的三个核心子研究，采用递进的方式对制造方式影响消费者产品购买的理论机制、边界调节机制和理论外延（文化相关因素）进行了理论与实证检验。

在半结构访谈与文献梳理的基础上提出了本书的核心假设，并通过系列实验和结构建模的方式对核心假设进行了验证并得出结论，对结论进行讨论与管理启示的探讨。本书共分为三个部分、六章，具体的安排如下。

第一部分主要包含第一章和第二章。第一章绪论主要介绍了研究背景，包括现实背景和理论背景并提出了研究问题，以及相关的研究设计，包括本书采用的主要研究方法与技术路线图，最后介绍了主要创新点。第二章主要对本书中应用的相关理论进行了详尽深入的回顾，具体包括制造方式与产品购买相关文献、启发式相关的理论、产品类别与产品价格相关的文献、真实性理论和文化相关文献并进行了梳理与总结，对理论的起源、发展与现状进行归纳整理。

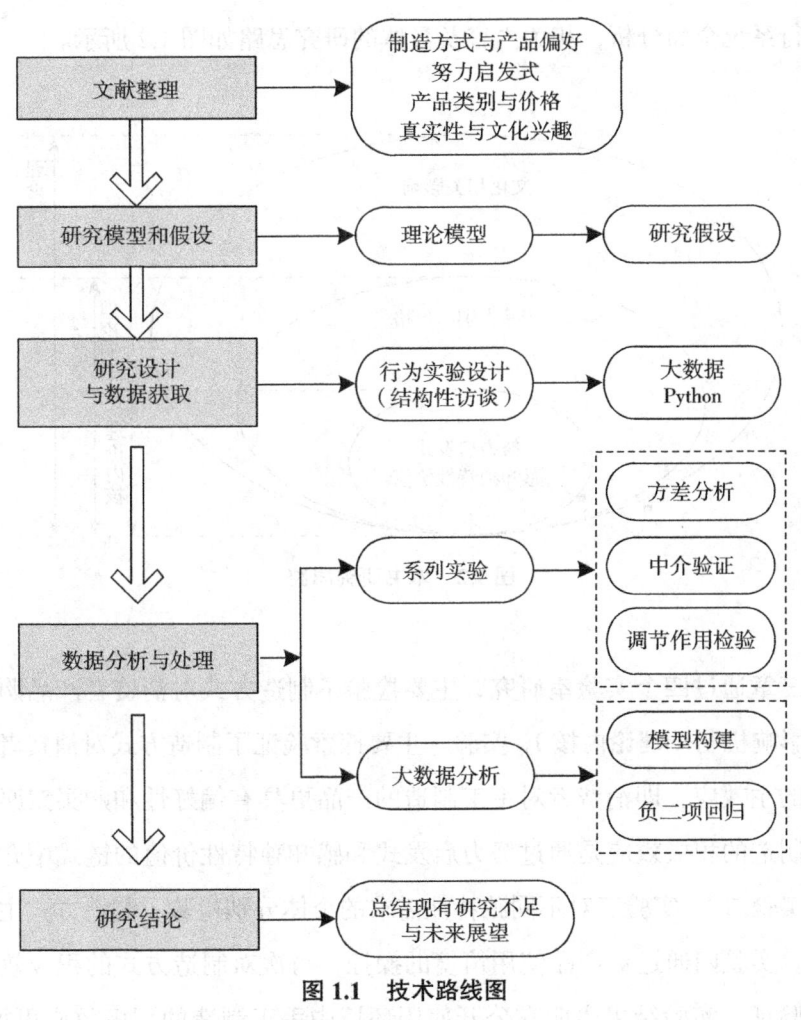

图 1.1 技术路线图

第二部分主要包含第三章、第四章和第五章，是本书的核心内容部分，根据理论内核—理论调节与边界—理论外延的研究指导思想进行了设计论证。第三章主要对制造方式对产品购买影响的内在机制（理论内核）进行探索验证，第四章主要对产品类别对制造方式影响产品购买过程中的匹配机制以及价格的边界作用机制进行了探索验证，第五章对本书的理论外延—文化相关影响因素进行了探索验证。采用逐步推进的方式对制造方式影响消费者产品购买的相关因素进行系统全面分析，相关内容及具体的研究思路如图1.2所示。

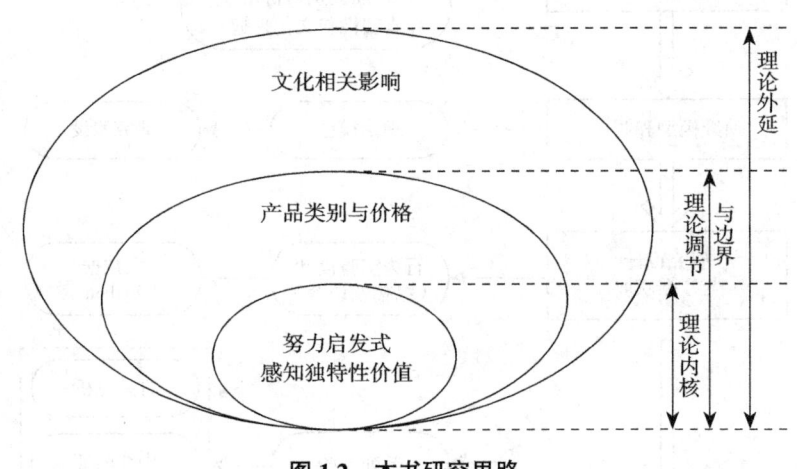

图 1.2　本书研究思路

第三章通过四个实验室研究，主要检验了制造方式对消费者产品购买影响的内在影响机制（**理论内核**）。实验一主要探索验证了制造方式对消费者产品购买影响的主效应，即消费者对手工制造的产品更具有偏好性和购买意愿。而这种手工制造的积极效应是通过努力启发式和感知独特性价值的链式中介效应实现的（实验二）。实验三对不同独特性需求的个体分别检验了制造方式主效应的稳健性。实验四通过对产品使用情境的操控，再次对制造方式的积极效应进行了探索验证，实验结果表明在公开使用环境中手工制造的积极效应更加显著，而在私人使用环境中，尽管消费者对手工制造产品的购买倾向较机器制造更高，但两者之间的差异不再显著。

第四章主要通过四个实验室研究和一个大数据实验对制造方式影响消费者购买的可能的调节作用和边界条件进行了检验（**理论调节与边界**）。实验一通过组间选择（choice）的方式证明，当产品为享乐属性时，消费者更喜欢产品以手工制造（vs 机器制造）的方式生产；当产品为功能属性时，消费者更喜欢产品以机器制造（vs 手工制造）的方式生产。实验二验证了这种匹配效应是通过感知产品差异的中介作用实现的，这是为了验证感知产品差异中介作用的稳健性。实验三对感知产品差异进行了操控，实验结果表明，在高感知产品差异组，消费者更加愿意购买手工制造的产品；在低感知产品差异组，消费者更加愿意购买机器制造的产品，而控制组则重复了之前实验二的结论：消费者更加愿意购买手工制造的享乐品、机器制造的功能品。此外，本研究验证了感知价格在这个过程的边界调节机制，当感知价格较高时，消费者更倾向购买手工制造的产品；当感知价格较低时，消费者更倾向购买机器制造的产品，在中间价格组则重复了之前实验的研究结论（实验四）。实验五则利用大数据建模的方式对本研究的主要核心结论进行了再次验证。

第五章通过三个实验调研的方式探索验证了制造方式通过感知真实性和文化兴趣对产品购买意愿/行为的影响（**理论外延**）。实验一对主效应进行了验证。实验二对感知真实性和文化兴趣的链式中介作用进行了验证。实验三检验了地理空间距离的调节作用，实验结果表明，消费者感知的产品产地越远，文化兴趣越高，进而会产生更加积极的购买。综合以上第三章、第四章、第五章的内容，绘制了制造方式对消费者产品购买行为影响的内在机制、理论边界和理论外延模型，如图 1.3 所示。

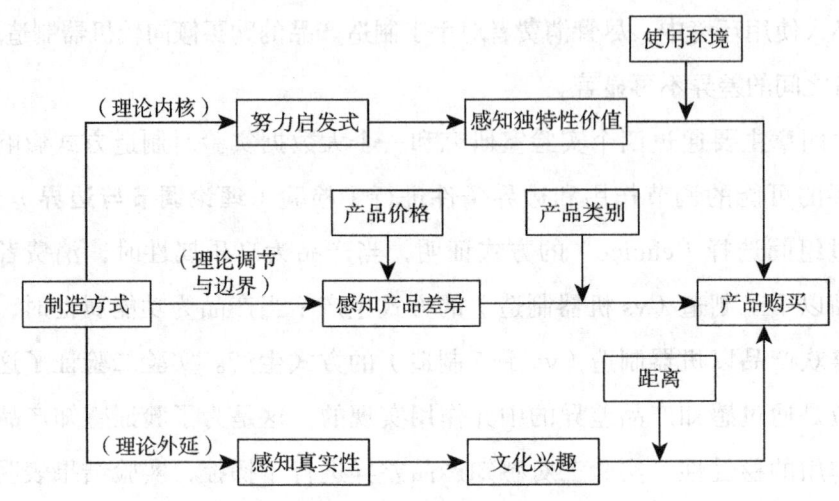

图1.3 制造方式对产品购买行为影响的模型

第三部分主要是第六章,论述了本书前面各章各个研究的核心研究结论,对研究结论进行了详细的讨论,并对本书的理论意义和实践启示进行了探讨,提出了相应的管理启示与未来研究展望。

第三节 主要创新点

本书的主要创新点集中于以下四个方面。

第一,随着互联网经济在全球范围内迅速崛起,传统的手工制造行业实现了"互联网+",随着Etsy、Instructables、Craftsy和亚马逊手工等众多平台的崛起,手工制造迎来较大的发展,成为一个数千亿美元的庞大产业。而中国具有厚重的历史和文化传统,在国内同样具有规模很大的手工民俗行业从业者。而随着技术的不断进步与发展,智能制造给个体带来一定的压力(Mick et al.,1998),也存在一定的弊端。因此,市场上手工制造与机器制造的产品共同满足消费者的需求。国外已有研究开始关注制造方式对消费者产品购买的影响,关注智能制造背后人的因素（Fuchs et al.，2015）。在此背景下，本书率先系统回顾了关于制造方式对消费者产品购买影响的相关国内外研究，对手工制造的积极效应进行理论探索与实证研究。

第二，在对制造方式对产品购买影响过程中，引入了努力启发式和感知独特性价值的相关理论，对制造方式影响消费者产品购买的理论机制进行了探索验证。在信息加工与处理当中，个体会采用启发式和系统化（分析）两种处理模式对信息进行加工。启发式有各种各样的启发线索，本书力图对手工制造和机器制造背后的本质区别进行分析，研究认为手工制造和机器制造两种制造方式的本质区别在于人的因素，即产品包含个体努力的多少。当提供了产品的制造方式时，制造方式会作为一个重要的显性线索影响个体的决策。消费者会认为手工制造的产品包含了更多人的努力，而对产品进行努力启发式信息加工，会认为产品具有更高的独特性价值，进而产生更加积极的产品偏好和购买行为。这对于理解消费者购买不同制造方式产品的驱动机制有更加清晰的理论建构和解读。

第三，本书对制造方式影响产品购买可能存在的调节作用和边界条件进行了探索验证。在现实生活情境下，机器制造能够提供制式精确、性能稳定的产品，而手工制造的产品种类繁多，备受消费者青睐。本研究在预调研和理论梳理的基础上，对产品类别（享乐、功能）在制造方式对产品购买影响过程的调节匹配作用进行了验证。并检验了调节匹配产生的理论机制：感知产品差异。同时检验了感知价格在制造方式和产品类别匹配对消费者产品购买影响过程中的边界机制作用。价格作为最重要的决策线索之一，影响个体对于产品的选择与购买。本书采用网络爬虫的技术从大型手工制造平台 Etsy 获得了产品描述信息，并根据结构模型计量的结果对主要结论进行了验证。对理论机制边界的探讨进行了验证。

第四，在手工制造的产品中有相当一部分受到文化因素的影响，因此本书对制造方式对产品购买影响的理论外延进行了探索验证，对手工制造通过影响个体的真实感并进而影响个体的感知文化兴趣最终影响产品购买的链式中介作用进行了检验。在影响感知文化兴趣的研究方面，地理空间距离是一个非常重要的因素，因此本研究对地理空间距离在这个过程中的调节作用进行了探索验证。研究结果表明，对于手工制造的产品而言，远的空间距离会导致更高的感知文化兴趣，产品购买意愿和偏好更强，而对于近的空间距离则没有这种影响。本书对于如何发扬手工制造的工艺，加强产品的真实性感知，提高消费者对于产品的文化兴趣和文化感知，加强文化传承的标的物建设，构建文化传承和认同的良好机制具有重要的实践指导意义。

第四节　本章小结

在机器智能化制造高度发达的年代，机器制造提供了制式准确、性能稳定的高品质产品，为个体生活提供便利，而手工制造的产品并没有销声匿迹，随着互联网及众多手工制造和销售平台的兴起，手工市场的份额不断扩大，作为人类智慧和劳动凝结的手工制造产品重新进入人们的视野并受到了大量的关注，作为文化传承和认同的载体，手工制造的产品受到文化爱好者的青睐与关注，也受到学界和业界的关注。为此，有必要对不同制造方式影响消费者购买行为的相关理论机制和实践影响进行深入系统的研究。

本书从研究的现实和理论背景出发，阐述了理论意义和实践意义，并基于研究背景的分析提出了主要研究问题。在此基础上介绍了采用的主要研究方法，包括半结构化访谈、系列实验设计和基于大数据的模型构建与检验。绘制了技术路线图，对结构安排进行了说明，对每个核心子研究、每章的核心内容进行介绍与总结。并在本章最后对本书的主要创新点进行了说明与总结，突出理论创新与实践指导意义。

第二章

文献综述

第二章

散锦辑文

第二章 文献综述

本章的主要内容是对本书用到的主要相关理论进行回顾与总结，围绕核心概念进行相关回顾，对每个概念的研究起源、研究现状及未来发展方向进行全面细致的总结。本章主要包含四个部分：产品制造方式相关研究评述；努力启发式（产品所包含个体努力、启发式加工理论）相关研究评述；产品类别和产品价格（消费者对价格的认知和反馈）的相关研究评述，同时对文化传承和认同的相关理论以及真实性理论做了相关的研究评述。此外，本章还对各个核心概念在现有研究当中存在的不足以及可能研究的切入点结合本研究进行了评价与梳理，以期对相关的理论进行深入的总结和评述，并为后续实证研究的开展提供坚实的理论基础。

第一节 制造方式相关研究评述

本节内容主要是对产品制造方式的相关研究进行梳理与总结，产品制造方式是本研究的基准点和出发点，对制造方式相关概念的厘清、相关研究的梳理（包括目前最新聚焦于智能制造、手工制造方向的相关研究成果）和评述对于寻找和运用相关理论，找到理论的突破口以及建立本研究的相关理论意义具有重要的铺垫作用。在本研究当中首先对制造方式的概念予以定义，并结合日常消费情境中的具体情境进行解释说明，综合目前已有的相关研究实践，将制造方式分为手工制造、机器制造和不提供制造信息。并将其和 DIY、宜家效应和价值共创进行了区分。同时对聚焦不同制造方式影响产品购买意愿/行为的相关文献进行回顾，并对现有研究中存在的不足进行了分析。

一、制造方式的概念界定

研究概念的明确界定是后续模型构建和实证研究的基础。为了理论研究模型的建构及研究的明确化，本书对不同制造方式的概念进行具体定义，并对其与其他可能的相似概念进行了辨析，对现有研究的不足进行分析与总结。

（一）不同制造方式的概念

制造方式（production mode）的相关定义在过往的研究发展过程中针对不同的研究以及具体的情境（如 gift-giving）不同的研究者（研究团队）有过多种表述，但其核心内容和含义是保持连贯、基本一致的。制造方式即产品被生产和制造的途径方式（the way of producing），是生产力和社会技术生产关系的结合（Marx，2007）。而生产力又包含人类劳动和生产方式（包括工具、生产产品的机器、基础设施、技术知识……），社会和技术的生产关系包含了社会的生产资产、合作关系、人和制造的产品之间的关系。而国内对于制造方式的定义聚焦于企业体制、经营、治理、生产组织和技术系统的形态和运作模式，虽然包含了组织文化等软性内容，但其仍然主要是指集成制造系统、敏捷制造、智能化制造等偏向机械智能化制造的角度和方面，其定义也更加具有工业生产的锚定性。

制造方式伴随着历史进程有自己的发展阶段，而制造方式总是与生产的发展水平和所在市场的需求相联系的。在手工业生产时代，产品主要以手工作坊的形式制造，产品的设计、加工和装配和相关检验都由个人完成。而在19世纪中叶到20世纪中叶，机器制造的大规模批量化生产开始在制造业中占有主导地位，在这种模式下通过分工和专业化及电气化技术的支持，劳动生产率有了很大提高，制造方式取得了较大的进步和发展。进入20世纪后半叶，生产需求朝多样化方向发展且竞争加剧，机器制造向更加精益化和智能化方向发展，而手工制造在经过不断的升级和完善之后也在市场上活跃起来，随着新一代互联网技术的发展和赋能也展现出较为强劲的增长态势，受到消费者的青睐与喜爱。

目前市场上手工制造方式和机械智能化制造方式共同存在共同发展，满足消费者多样化的需求，提供各种各样的产品。目前制造方式的发展目标主要聚焦于顾客，以满足消费者需求为核心，紧跟市场步伐，提供差异化个性化的产品与服务，满足不同阶层不同个体的多种需求。在工业时代以福特为代表的机械制造主要是以提供廉价的产品为目的，信息时代更加注重柔性自动化生产模式（集中于采用数控机床）、计算机集成制造模式（computer integrated manufacturing systems，CIMS，重点在于采用信息集成）、敏捷制造模式（agile manufacturing，AM）、JIT（just in time，以工序的制定和发出为先导、注重库存的优化与管理）、精益化生产模式（lean production，LP，着重解决产品的开发设计、生产、管理过程中的冗余环节）和模块化制造（产品的制造模块可以随时重组整合，产品的制造模块是高度标准化的）来满足顾客多样化的需求。未来的制造方式主要是面向知识时代的绿色制造生产模式，在制造产品的同时承担了更多保护环境的责任，立足于人与自然、人与环境的和谐发展。

在以上文献总结和梳理的基础上，本研究认为在市场上同时存在机器制造和手工制造的产品，不同制造方式的产品共同满足消费者的需求，为消费者提供相关效用。而具体在产品制造过程和生产实践当中，手工制造的产品也有一些需要用到机器辅助进行操纵的步骤，而机器制造的产品在某些步骤上也存在较多的人工参与。在实际工作中，完全不需要人工参与或者完全不需要借助机器的产品是非常少的，为了方便本书理论框架的构建与研究设计和处理的需要，我们对研究中手工制造和机器制造这两种方式进行了定义和统一。具体来说，手工制造是指从选定材料到最后制成成品，主要由人主导而完成；而机器制造是指从选定加工到最后产出产品，主要依靠机器加工实现。本书的定义主要强调人在不同制造方式过程中所扮演的角色功能的差异，是手工/机器不同制造方式的本质体现。对制造方式概念的明确和界定是后续理论构建和研究开展的基础，为此后续将对制造方式与其他交叉概念进行明确辨析。

（二）制造方式与其他相近概念辨析

本研究将不同制造方式的内涵（主要指手工制造）与其他可能相似的概念进行了区分与辨析，主要包括产品的 DIY、宜家效应及价值共创，同时对制造方式与大规模客户定制和产品授权设计存在的理论重叠和相似的部分进行了论述。DIY 从 20 世纪 70 年代开始流行，是一部分人利用自己的工具和材料对房屋进行装饰的工作，起初进行 DIY 工作的并非专业人士（Watson et al.，2008）。DIY 被提出以后其概念进行了扩展与延伸，扩展到了自行维修汽车与家电产品，购买相关零件来组装计算机。DIY 的本质是自己进行操纵与制作，而非"他人/机器制作"。而在英国有大约 62% 人声称参与了 DIY 的过程（Mintel，2005）。

过往的研究对 DIY 消费者和普通消费者的区别进行了探索，并强调了消费者参与产品制造过程的重要性，开发了相关整合模型对个体进行 DIY 的原因（市场评估和身份认同和确证）以及个体进行 DIY 的结果（成就感、控制感及享乐性）进行了系统的总结和说明，并采用深度访谈和理论扎根的方式较为全面地对 DIY 的驱动机制及结果进行了理论探索，并对其与其他相似概念进行了简要的区分与辨析（Wolf et al.，2011）。而研究者对于 DIY 的相关研究发现，文化自尊和社会阶层对个体的 DIY 行为意愿有潜在影响，对于高文化资本（或文化自尊）个体而言，在居住地从事 DIY 会妨碍他们的自我确定（self-identity），而对于低文化资本的个体却没有这种影响（Moisio et al.，2013）。人机互动方面的国际会议（the Nordic Conference on Human-Computer Interaction）开始关注人与计算机在交互和合作技术中的相关进展，并针对 DIY 的社区文化构建进行了大规模的调研和整理，对参与到 DIY 过程中的消费者给予了专家级的评价（expert amateur），并对社区团体和文化的形成进行了初步的探索和关注。关于 DIY 供应商的研究也发现 DIY 活动的参与度关乎企业的满意度和企业产品在市场上的竞争力，决定着企业的生产投入能否有效地转变为利润（Watson et al.，2008）。通过以上对于 DIY 概念和相关研究内容的回顾和总结发现，DIY 的是消费者关于产品制造和使用的重要形式，但其和完全依赖专业人士进行手工制造且以产品的售出和获利为目的的方式存在本质上的差异和区别。

宜家效应是指消费者对于自己参与制造的产品相比完全相同但是由他人制造（made by others）的产品愿意支付更高的价格，而消费者在参与产品制造的过程中也能得到享受，深刻诠释了劳动导致喜爱（labor leads to love）这一现象。而宜家效应的存在由个体的占有和珍视所驱动，与行为金融学领域的禀赋效应相关心理机制有差异。莫肯等（Mochon et al.，2012）关于宜家效应的研究表明，参与产品的制造过程会满足消费者认为自己有能力（feeling of competence）的心理需求并进而增加消费者对该产品价值的评估，而如果增加消费者的自我确证反而会降低这种推断。此外，如果对自我意识产生威胁，消费者会更愿意自己制造东西。而在研究者的另外一篇研究当中则发现宜家效应之所以会产生是由于消费者参与产品制造的价值增加和专家参与产品制造的价值增加是相似的，因此消费者认为他们的劳动增加了产品的价值，进而导致了产品的禀赋效应。而宜家效应又有一个前提，即消费者成功完成了产品的制作，如果消费者虽然参与了产品的制作过程，但产品的制作失败了，则宜家效应消失（Norton et al.，2012）。

相关研究者针对宜家的经营与管理模式进行了基于深度访谈的质性分析，相关的研究结论认为宜家发展了一种组织机制来持续地培养和构建组织的学习能力进行国际化经营，对于不同的宜家门店来说，有 2 种不同的复制模式可以选择，低层次的复制包括市场努力、定价这些将由门店负责，而高层次的特征如基本价值、愿景这些将在全体门店保持统一，而在所有门店保持基本统一的还有一个非常重要的核心就是坚持顾客参与的可获得性，提高顾客满意度和企业与顾客价值的共同发掘（Jonsson et al., 2011）。宜家效应的产生对于消费者在日常认知中的朴素思想，对自我劳动的重视和珍重超过了一般市场当中劳动经济学对于价值的判断，同时融合了心理学的损失厌恶（lose aversion）因素，而宜家效应的立足点和重点同样在于个体在产品制造过程中的参与和互动，消费者把自我劳动等同于专业人士和专业人员的劳动，但是实际的产品制造成形过程中存在差异，因此，宜家效应与手工制造存在一定的联系，但其本质和核心概念则不同。

传统的价值创造理论认为，价值是由企业即产品的制造商所创造的，而消费者仅仅是价值的消费者和使用者，在这个过程中消费者和企业处于不对等的地位，传统价值创造理论尚未注意到消费者在产品制造过程中的作用以及消费者和产品的互动过程。而随着科技和理论的进步，研究者和企业管理者发现，价值的创造过程不仅是企业的任务，还应该创造一个包含产品制造商、供应商还有顾客的价值共创系统（Normann et al., 1993）。由于市场环境的飞速变化，企业的竞争优势也很难通过传统的价值链优化而获得，企业界和学术界的相关研究者也在试图明确和确立消费者在价值创造和价值增值过程中的作用，企业的关键战略任务开始转向角色的重新配置和不同供应商之间的治理。企业战略的调整不仅要考虑供应商、合作者，还需要重点关注消费者，以便企业的价值创造过程更具有目标性。关于价值链的研究也重点关注了产品和服务在价值创造过程中的差异，在公司经营决策的制定过程中需要兼顾消费者反馈。

而普拉哈拉德等（Prahalad et al., 2004）的研究则对价值共创的概念和关键要素进行了阐述，研究认为价值共创是一种由企业和消费者共同合作、共同创造价值的新的范式。

虽然目前在市场上存在花样繁多的产品，但个体的消费满意度却没有得到很好的提升，企业在差异化经营领域也碰到了相应的困难，因此管理者继续为此寻找合适的战略和作出正确的决策，价值的含义和价值的创造过程也正在脱离以公司和产品为核心的阶段，而逐渐向消费者这一端转移（Prahalad et al.，2004）。对市场信息更加敏感，具备高度社会网络化和活跃度的消费者也参与到公司的价值创造过程中，而在这个过程中，公司和企业会获得众多关于产品的信息，这些信息对于产品的设计和制造都至关重要。消费者对于产品体验价值的重视，市场正成为消费者、消费者社区和企业之间对话和互动的重要窗口，通过和消费者进行对话以及通过消费者分享和发布的信息获取快速、透明度提高，以及对风险－收益（risk-benefit）的理解逐步成为商业实践的核心。在以服务为主导逻辑［service-dominat（S-D）logic］的领域，消费者和供应商关系的互动和对话是通过沟通实现的，在价值共同创造的过程中，顾客卷入度是服务主导逻辑的基础，关于价值共创的研究也要着重考虑服务营销相关研究、客户价值研究和关系营销研究等不同的分支，而整合概念的形成也需要以过程为核心（Payne et al.，2008）。而在关于价值共创的研究当中，也有研究者认为虽然越来越多的消费者参与到了关于产品和服务的价值创造当中，但是由于个体的自服务偏差（self-serving bias）的存在，在结果符合预期的情况下消费者参与价值共创是有益的，但当给消费者提供是否参与价值共创的选择之后，结果比预期差会导致较低的顾客满意度（Bendapudi et al.，2003），可见价值共创并非总能导致积极的结果。价值共创理论强调的是为消费者提供客户诉求和需求，和企业以及制造商共同创造价值，重点在于顾客的参与、重构价值链、实现企业和顾客以及参与方价值的协同增长，因此从定义的本质出发就与手工制造和机器制造都存在一定的差异和不同。

此外还有一个概念和制造方式有关联，即大规模客户定制（mass customization，MC）。大规模客户定制的核心在于流程的高度灵活性及集成度，致力于为每个客户提供个性化设计的产品和服务，大规模定制拥有较高的敏捷性，可以对市场变化作出快速响应。大规模定制的驱动机制包括客户对于多样化和定制的需求存在，市场条件的允许，价值链的准备情况以及知识的分享程度。有研究发现，在客户定制过程中存在"I Designed It Myself"效应，客户定制会提高产品和顾客购买之间的匹配性，也会增加关于设计努力的感知，自我设计的产品会导致更高的支付意愿，而这个效应被成就感所中介，设计结果和参与者认为的个人贡献调节了这个效应（Franke et al.，2010）。在关于大规模定制的相关研究中，目前大部分公司着眼于偏好匹配的最大化和设计工作量的最小化，并以此为基准来设计MC的工具包，但为了更好地抓住和发挥大规模客户定制的全部价值，工具包的设计也需要充分考虑"I Designed It Myself"效应的激发。从定义的讨论和研究的梳理我们可以发现大规模定制的本质是在尊重顾客参与上的集中制造，与手工制造和机器制造的本质概念仍然存在较大的差异。

也有研究关注了产品的授权设计，越来越多的公司采用互联网技术让更多的消费者更加积极地参与到产品的设计和开发阶段，消费者可以对产品的一些内容进行设定和选择，消费者对于自我设计的产品会产生更高的心理所有权，进而促进产品的选择与购买，而这个结论同样存在两个边界条件：

（1）设计的产品是否符合消费者的购买倾向；（2）消费者是否拥有制定决策的相关能力（Fuchs et al.，2010）。产品设计的核心在于用户福祉的确立和效用的满足，产品设计包含了制造商在产品制造过程中赋予产品以形式特征，同时为使用者提供实用的（utilitarian）、享乐的（hedonic）和符号学（semiotic）上的利益，产品的重新设计关乎产品价值能否在消费者当中获得认可，产品设计不仅关乎消费者对于美学的体验也是工程学需要重点考虑的问题。在设计问题的研究当中，设计不仅包含产品的有形特征的塑造，还包括一些其他的元素，如电脑桌面的颜色、汽车内饰的气味、音乐下载的节拍。为此，产品的设计过程是先于产品的制造过程进行的，产品的授权设计则是公司和产品制造商邀请消费者参与到产品的设计和开发工作中,为产品更加契合消费者需求而进行的努力,这和本书研究中的制造方式存在一定的差异。

综上,虽然 DIY、宜家效应、价值共创、大规模定制、产品授权设计和制造方式(特别是手工制造)的概念存在一定的关联性,但仍有本质区别,手工制造强调由专业的手工制造者(expert)进行产品设计、选料、加工、制作的产品用于销售以满足消费者多样化的需求,而机器制造则强调从产品的选料、加工、制作等过程主要由机器来实现。为此,上述相关概念与制造方式的概念存在本质的区别,本书对此进行了相关梳理和总结,为后续相关理论整理提供坚实的基础。

二、关于不同制造方式的相关研究

在国内外的相关研究当中,研究者对不同制造方式产品及其在市场营销和消费者行为领域的影响进行了一定的定量与定性研究,本书对相关研究进行了详尽的梳理与总结,并对各个研究不足、可能进行继续深入研究的地方进行探讨与分析。概念和相关理论的界定、梳理、明确与讨论是后续模型建构和实证研究的基础,也为本书核心研究内容的确立提供了相应的理论支持。

(一)关于手工制造的相关研究

手工制造(handmade)一词也可以译为 manufactured by hand、crafts、hand-crafted 等,在本研究当中统一以 handmade 作为学术名称。"制造"一词源自拉丁文,大约出现在公元 1567 年,原意为"手工",早期的制造业形态也就是传统的手工艺制作。而手工制造也靠"师徒传承"的方式保持着技艺的传承和技术知识的积累。限于这种引导和信息传承的方式,使手工制造保留了一定的地方特色(local perception)而且保有某种特许的制造权利。传统的手工艺品制作也包括在手工制造当中,通常跟艺术有关,其创作需要技术,包括编制、陶艺、绣缝、木作与其他。手工制作和大批量生产的机器制造方式不同,通常凝结了匠人的艺术构思,以手工作坊的形式加工制作。在手工产品的制造过程当中,有匠人和产品的接触,因此有必要对产品接触相关文献做一定梳理。

1. 关于产品接触的相关文献

产品接触的相关心理学概念最早由心理学家罗津等(Rozin et al., 1986)提出,并被认为物体可以通过与特定来源的物体进行接触获得该物质的本质(essence),并对污染效应的本质特征进行了归纳和总结,具体分为:持续性(污染的产生不只存在于接触的瞬间,可能在接下来的很长时间内持续存在);接触性(只有与相应的污染源产生物理接触相关的污染效应才会被触发);敏感性(指污染效应的发生敏捷性,甚至只需要接触产品的一部分即可发生相关的反应);反向传递(在接触的过程中,两个接触的物体可以互相反向传播和感染);普遍性(在世界各地,人们的日常生活中都存在相关的各种各样的接触,而接触效应随时随地在不同人群之间发生)。

关于产品接触相关领域的研究表明,尽管消费者在购物的时候喜欢接触和触摸商品,但是消费者对于被其他人接触过的商品的评价较低,而这种评价的降低是厌恶情绪导致的,这与传统理论当中接近会提高个体对于产品的评价和购买意愿存在较大的差异,相反证明了物品购买和采用当中污染效应的存在(Argo et al., 2006)。为了对他们的理论进行完善与补充,还通过3个现场实验(actual retail shopping environment)验证了消费者对被其他有吸引力的个体接触过的产品评价更高,而性别在这个过程中具有调节作用,这种积极效应只能在相反性别的个体中出现,而这个效应是通过物理接触模式的中介作用实现的(Argo et al., 2008)。也有研究针对污染的产品是否会对其他邻近的产品产生污染进行了探索,这取决于产品之间的接触是否能够被消费者所感受和观察到,当产品被污染以后，个体会认为产品的耐用性和持久性都会降低，这种污染效应在产品被接触很长时间之后依然不会衰减，消费者甚至会认为污染效应会在产品的属性层面发生传递，相关研究也不断证实个体感知在这个过程中发挥着重要的作用（Morales et al., 2007）。

在关于接触的相关研究中，有一个重要的现象受到了研究者的关注，即名人效应，消费者为什么会购买曾经被明星或者著名人士（celebrities）所拥有的产品（无论是电影明星还是体育名人），研究者给出了三种可能的解释机制：一是简单的联想（mere associations）；一是市场需求的驱动；最为重要的可能是接触效应，个体相信这些物品保留了曾经拥有者的某些特质或者本质，而且在对名人曾经拥有物的估价过程中接触效应具有最为重要的解释力（critical factor），而名人与该物品的接触程度会深刻影响消费者对该物品的购买意愿（Newman et al., 2011）。另有学者（Niemyjska, 2014）则对浪漫关系中，接触和心理距离对个体情绪和个体安全感的影响，感知距离的减少是否会增加个体的意义感和存在感进行了研究。而接触对于原创艺术品价值的影响也是巨大的，接触效应对于原创艺术品价值的影响可能是决定性的，对艺术对象的一种独特的创新行为（表演）的评估来源于原艺术家与产品的接触程度，而对于艺术品价值的判断也来自人们对于艺术领域的世俗理论（Newman et al., 2012）。关于接触效应的相关研究对研究的情境和具体的理论外延进行了充分的扩展，当产品在货架上摆放得杂乱无章且数量有限时，消费者会认为这些产品可能被其他先前的消费者进行了触碰，会降低对于产品的购买意愿和评价（Castro et al., 2013）。而在接触过程中，个体的情感和品质也会发生传递，如消费者认为邪恶的个体生产和制造出来的产品也具有邪恶的性质，从而对不道德的个体制造和设计的产品给出更多的负面意见和评价（Stavrova et al., 2016）。

污染效应在产生基本效应范围方面也存在较大的差异，对于消费者认定的群体内部个体的污染效应可能会被减弱，而对于外群体成员或者感染某种疾病的个体这种效应会得到明显加强，这包括了人的认知、人与人之间的吸引力、不同群体之间的歧视和排斥、社会影响及道德判断等多个方面（Niemyjska，2015）。关注接触效应以及污染效应相关的研究，国内学者也进行了较为详细的整理，并从接触因素（直接接触、非直接接触），位置因素（距离邻近、时间临近），产品因素（包装、标签、序列号、产品设计），社会因素（相似性、名人使用经历、接触或使用相同东西）等方面整理了污染效应的原因，对污染效应的相关特性及理论基础（交感巫术理论、行为免疫理论、关联账户理论），污染效应的后效（消极结果包括降低购买和评价、积极结果包括增加购买和评价），关键的调节变量（污染敏感性、认知加工方式、清洁行为），并基于新冠疫情突发、百年未有之大变局、新一代人工智能技术等新的时代背景提出了未来可能的研究方向（孟陆 等，2022）。

关于接触理论，一个更为经典的研究是关注接触的介质对于消费者购买意愿/行为的影响。该研究探讨了在消费者网络购物过程中，不同的接触界面［平板（touchpad）vs 鼠标（mouse-dreiven）］如何影响个体的禀赋效应，得出更大的接触面会提升个体的心理所有权并进而提高个体的禀赋效应（Endowment），而这个效应受到了接触界面所有权和接触对于产品重要性（如衬衫和帐篷需要接触的重要性是不同的）的调节作用的结论（Brasel et al.，2014）。接触是手工制造方式的基础，也是手工制造和机器制造最重要的一个区分点，相关研究者对此进行了一定的研究和探索。本书对此进行了较为详尽的梳理和总结，这为整理关于制造方式的相关文献提供了更为清晰的理论背景和基础。

2. 关于手工制造的相关文献

对于手工制造方式的相关研究应该主要从两个角度入手：其一为不同地区、不同产业的手工制造业的分析；其二为产品的手工制造方式对于消费者产品采用和购买的相关研究。内贾德等（Nejad et al.，2013）通过对伊朗伊斯坦布尔地区的 20 个毛毯行业负责人进行访谈，从营销绩效、操作绩效和消费者满意度方面对当地手工制造情况进行了分析并提出了相应的对策与建议。哈勃等（Hubbe et al.，2009）则从历史总结和回顾的角度对手工造纸的起源、传播、发展进行了分析和梳理，并在论文中提供了大量的史料和图片加以佐证。此外也有运用相关的营销策略对某一地区的手工行业进行分析的文章（Aghdaie et al.，2012；Saeedi et al.，2012；Liebl et al.，2003），也有研究针对全球化背景下的营销现实进行了深入的分析，对当前日益先进的智能制造对于传统手工行业的威胁进行了具有针对性的解读（Vadakepat et al.，2012）。雅各布（Jakob，2013）的研究发现在全球经济增长乏力、经济下行压力较大的情况下，拥有传统技艺的人从事部分手工行业可以显著提高收入，同时可以获得内心满足。此外，克鲁格（Krugh，2014）的研究对进入 21 世纪以来手工业的发展进行了回溯与总结，认为手工制造业通过 Etsy 等电子商务平台从线下进入线上，更多的是满足人们从劳动中体验乐趣，因此也有一部分热爱艺术与手工的人从事这份工作，体验着相关乐趣。

  关于不同制造方式对消费心理和行为影响的相关文献旨在对其理论进行探索验证。有学者（Fuchs et al.，2015）检验了在送礼物情境下，将产品标识（labeled/stated）为手工制造，消费者认为产品会更有吸引力，而这种效应是因为消费者认为标记为手工制造的产品包含了更多的"爱"（contain love），此外给感知距离自己近的亲人朋友送礼物时这种效应更明显，而给相对距离较远的朋友送礼物时这种效应相对较弱。在对不同卷入度的手工产品进行选择时是否会表现出差异，Hsu 等（2016）也进行了初步的探索，并从社会地位、创造性等维度进行了验证。此外，也有研究者关注了产品外包装上的手写体（handwritten typeface）和机器打印体（machine-written）之间的差异，手写体会给消费者一种人的存在（human presence）的感觉，进而会被认为有情绪附着（emotional attachment），因此会导致更加积极的产品评价，而该研究的边界机制是对于那些消费者具有较高的黏滞性和对于本身功能定位的产品这种效应会消失甚至置反（Schroll et al., 2018）。而最近的研究则聚焦于不同的消费场景对于消费者对购买和消费的影响，在机械智能化制造高度发达、人工智能高速发展的今天，人类劳动被技术所取代，改变了产品和服务的生产方式，研究者对企业依然热衷采用人工劳动的驱动机制进行了进一步探索，研究者发现对于具有象征意义的产品，消费者更加偏好包含人工劳动的产品（Granulo et al., 2021）。

国内的相关学者也开始聚焦于这方面的研究，刘建新等（2021）依托心理意向相关理论，通过心理所有权、心理安全感等中介对手工产品的溢价效应进行了研究，并检验了认知资源在这个过程中的调节作用。也有研究者对手工制作对产品质量评价的影响进行了研究，研究认为手工制作相比机器制造的产品质量会更高，而相关效应受到情感反应和认知联想的中介作用，产品展示背景具有调节作用，以及消费者的决策对此会产生相关的影响（范晓明 等，2019）。但高度发达的机器制造行业也能生产出同等质量的高质量产品，这在过往的研究中被反复提及，相关研究发现，机器智能化制造保证了产品制式的恒定与精确，但就产品质量而言，机器制造和手工制造都能生产出高质量的产品满足消费者多样化的需求，为此研究结论的稳健性及研究的普适性需要进一步探索与论证。以上是目前关于手工制造的一些研究。

3. 现有研究的不足

通过以上文献梳理和总结，本研究发现对于不同制造方式的相关研究与探索还存在以下不足和需要继续深入的地方。首先，对于手工制造的相关研究主要聚焦于采用宏观策略对某一地区或某一行业的产值进行的相关研究或者全球化和智能制造的发展对于手工制造行业发展的影响，这些研究也需要进一步挖掘与深入。其次，对于手工制造产品对于消费者购买意愿/行为的影响仍然比较零散，验证的情境也较为单一，缺乏基于个体差异、使用环境、产品差异、定价策略等的系统性研究,而在具体的生活实践当中,消费者对手工制造产品的偏好具有较强的情境依赖性,存在出现偏好反转等多种可能,而随着机器智能化制造水平的不断提高,机器制造同样能够生产出高质量的产品并与手工制造品在市场上共同满足消费者的需求,为此寻找手工制造积极效应具体的影响因素、边界条件(甚至出现置反的情境)等相关问题依然是非常重要的理论和现实问题。然后,对于日益发展的电子商务网络平台的手工网站,平台富集了大量的关于手工制造产品购买和使用的相关数据,可以发挥技术优势与模型理论的优势,展开基于大数据的实证与分析,对相关理论假设和结论进行充分验证。最后,手工制造作为区域和地方属性的代表承载着当地的习俗与文化,作为文化的重要载体受到了政策制定者和研究者的关注,而通过文献的梳理发现虽然手工制造对于文化的相关影响在各种报纸和杂志政策报告当中有所提及,但缺乏相关的理论开发与探索工作,与此相关的严谨的实证分析与检验过往研究也关注不足,因此需要展开深入系统的全面研究,明确制造方式背后所包含的文化因素,为决策提供理论支持和相关启示。

(二)关于机器制造的相关文献

随着两次工业革命和智能制造的发展,机器制造(machine-made)迅速崛起,其规模化生产降低了产品生产成本,为消费者提供了制式一致、功能稳定的产品。机器制造成为高质量和标准化的代名词,技术进步和智能化制造的发展,提高了生产率,不可逆转地改变了经济的发展模式和制造业生态(Brynjolfsson et al., 2011; Fuch et al., 2015)。机器制造改变着消费者生活的各个方面,包括个体的日常活动(如烹饪、驾驶、钓鱼及骑行),较少有研究关注市场上消费者青睐机器制造产品的原因,然而机器制造带来的优势是随处可见且明显的(Leung et al., 2018)。机器制造存在众多的优势,同时机器制造的发展替代了产品制造过程中的人工劳动，导致了部分人群的失业，同时由于在产品制造和使用过程当中机械智能化制造的过度发达也给个体的身份确证带来了潜在的负面影响，对个体生活的过度入侵式参与也影响了个体的情绪（如导致部分群体的焦虑等负面情绪的产生），给个体带来了诸多压力，影响消费者福祉的建立。为此，本书对现有有关机器制造的相关文献进行了相应的回顾与总结。

1. 关于机器制造优势的相关文献

现在市场上众多先进的科技产品在过去仅存在于研究者的设想和想象当中，而这众多的设想能够变为实际的产品得益于工业智能化制造技术的高速发展，而产品越来越能够以自动化方式进行相关任务的执行。有研究发现，机器制造的产品通过规模效益降低产品的价格，同时机器制造的产品制式统一、质量稳定，具有很多手工制造所无法替代的优势（Libel et al., 2003）。而机器智能化制造的发展替代了工人繁重的劳动，甚至在一些产品的制造过程中，人只参与其中的几个步骤（Markoff, 2012）。而在托夫勒（Toffler, 1980）的论著中也对机器制造提高了效率与产能，简化了人类劳动进而推动技术进步进行了论述。机器智能化制造的产品能够极大地简化个体承担复杂任务的强度，而近几年IBM、谷歌和英特尔收购了大量进行人工智能开发的初创企业，该项技术正在不断地进入产品和服务的制造过程，这将极大地提高效率并将自动化的优势融入消费者生活的具体实践当中，把消费者从需要时间和精力的任务当中解放出来，辅助消费者花费更少的资源实现需求的匹配甚至是超额实现目标（Leung et al., 2018）。机器制造的优势得到了消费者的普遍认可，在实际生活中机器制造的产品能够满足消费者多方面的需求。

2. 关于机器制造的劣势的相关文献

尽管机械智能化制造的优势是毋庸置疑的，但其并不是在各个领域都受到普遍的欢迎与接纳。在布林约尔松等（Brynjolfsson et al.，2011）的著作中指出机器制造和智能化的发展导致了一定的失业率，人类对在产品生产过程中角色的缺失进行了反思。而也有研究关注到现实生活中技术产品充斥着人们的生活，影响着消费者的体验，给个体的情绪带来相应的影响，为此相关研究人员开发了整合的理论模型来探讨技术的矛盾性（paradoxes of technology），解析技术的进步所带来的各种矛盾（包括反生产行为、同化/孤立、过度创造需求、高效/低效、竞争力缺失、自由/压制、自我控制的缺失、噪声的增多等），技术进步会给人们带来情绪上的焦虑和压力，也会引起一些心理上的焦虑并带来消费应对行为上的困难，并进而影响个体后续的决策制定和相关行为，该研究在研究方法上主要采用质性研究的方式获得相关数据，并对相关的调查对象进行了持续的相关的动态跟踪，研究结论具有相对的稳健性和启示性，为企业界和学术界对技术的问题展开深入的讨论和论证开辟了一个重要的分支（Mick et al.，1998）。

此外，随着自我确认（Identity-based）行为研究的兴起，对于具有自我确证动机的消费者或者带有确证相关的活动会激发个体抵抗采用自动化设备（automation），如一些和厨艺、钓鱼、骑行等相关的活动，尽管机器智能化制造在这些方面能够为消费者提供相关的便利和协助，但这与消费者主张自我确证的行为相矛盾，消费者从事这些活动的初衷是通过特定的行为和活动来表达自我以实现自我的确证（confirm and express who we are），或者通过这些行为表达自己属于某个特定的社会群体，而机械智能化制造在这个过程中会阻碍与身份相关的消费结果归因到自己身上（Leung et al.，2018）。此外对于拥有自我确证动机的消费者拥有丰富的关于活动进行的相关知识，需要内部归因来确定自己所属的社群和爱好群体，而产品的选择不仅是产品，更多的是自我延伸的一种（Belk，1988）。随着人工智能和自动化技术的发展，多种智能化制造的诊断设备开始进入医疗领域，学界相关研究者开始对此进行了一定的关注，研究者发现在医疗诊断领域消费者会自发地抵制 AI 作出的诊断结果，其中最重要的原因是个体认为机器和 AI 缺乏独特性关注，疾病的诊断与治疗是一个非常个性化和独特的过程（每个人的具体情况都存在差异），为此个体会认为机器作出的诊断缺乏相应的针对性，而个体的独特性认知在这个过程中具有重要的调节作用，当在诊断和治疗过程中，机器只是作出一些辅助的判断时，消费者对于相关结果的排斥会减轻。由此可见，机械智能化的高度发达并非在所有的领域都受到个体和消费者的青睐，其也存在一定的弊端和不足。

3. 现有研究的不足

机械智能化制造作为一种主要的和随处可见的产品制造方式，现有关于机器制造的研究对机器制造的优势进行了一定的探讨与分析，同时对日益发展的机器制造的不足也进行了相应的探讨。但是关于机器制造对于个体购买意愿、购买行为及影响机制的研究较少，针对机器制造对于个体的心理因素的影响还有待进一步深入探讨。而在一些特定的领域，如极限运动爱好者、身份群体建构者之间，机械智能化受到了相应的排斥，引起了消费者的反感，这与消费者进行消费的内部动机是相违背的，在这些领域中机器制造受到青睐的程度显著降低，这也为未来明晰关于制造方式的相关研究确定了一定的方向，带来启示。同时，随着机器人技术和 AI 的快速发展，具有一定智能化和人类外形的服务机器人进入了服务领域，大量的服务机器人可以较好地完成相应的任务，而这些服务机器人是否会影响个体的消费决策等相关研究目前还关注较少，现有的相关研究发现高度类人化的机器人会引发个体的诡异感知，导致消费者意识到身份确证行为威胁，进而会出现相应的补偿性消费行为（如购买可以显示自身地位的产品、寻求社会关注与依赖、预定和购买更多的食物）(Mende et al., 2019)。最近也有研究者关注了机器制造的服务机器人在特定领域（医药和旅游行业）的影响以及相关的心理驱动机制，试图构建一个包括消费者、政策制定者在内的整合的相关模型，并对这些行业采用服务机器人潜在的弊端和好处进行了说明，该研究的一个主要特点是充分考虑了雇员的接受意愿和相关感受（包括职业替代危机以及人机交互中的重点因素信任），同时考虑了消费者的接受和相关感受（包括消费者的尝试意愿、产品的设计美感、顾客忠诚以及投入度、服务补救），政策制定者也被包括在内（包括相关的政府管理政策、伦理影响等）（McCartney et al., 2020），这方面的研究现在也极富吸引力。

此外，在 AI 医疗诊断中，消费者采用其相关治疗的心理机制也开始受到人们的关注，为此，随着研究现实和研究情境的不断改变，机器智能化制造对于个体心理和行为的影响有待进一步挖掘，针对这方面的研究还需要不断地细化与深入。

第二节　努力启发式相关研究评述

本小节主要对努力启发式的相关文献进行研究评述。首先对关于启发式－分析系统模型进行了理论梳理与总结，对启发式加工思维的起源、研究现状与研究不足和有待进一步挖掘的地方进行了回顾与总结。然后启发式有各种各样的线索来进行无意识加工，在本书中研究主要聚焦于基于努力的启发式，之所以聚焦于努力启发式在于手工制造和机器制造的本质区别在于包含的生产者个人努力的多少。最后对努力启发式的结果进行了探索验证，努力启发式同样可以导致多种多样的认知结果推断，而本书聚焦于努力启发式所引起的结果为感知独特性价值，并对感知独特性价值的相关研究进行了梳理与总结。

一、启发式－分析模型的相关研究评述

启发式－分析模型（Heuristic-analytic Model，H-S）是一种广泛应用于说服中的信息处理模式（Evans，1984；Chaiken，1987）。而在近年来关于个体决策和推理的文献中，基于直觉的启发式系统（heuristic system）和基于理性的分析系统（analytic system）越来越受到研究者的关注，而关于启发式－分析模型中启发式和分析式两个系统如何作用，是互相排斥还是共同作用影响个体还存在一定的研究分歧，下面研究对相关论证进行总结与分析。

（一）启发式－分析模型的提出

Epstein（1973）重新对个体的自我概念相关内容进行梳理与总结，并在此基础上提出了认知体验自我理论（cognitive experiential self theory，CEST），此后学者们提出和发展了一系列相关的二元认知或双重处理理论对人们的思维方式进行论证与阐述，并描述了两类思维方式的关系。例如，有人对个体采用基于直觉和经验（intuitive-experiential）的决策判断方式与基于分析和理性（analytical-rational）的决策判断方式进行了比较，并对相关的测量方法进行了整理与改进，在关于理性和经验的测量中通过测量个体的认知需要（need for cognition scale，NFC）和对直觉的信心（faith in intuition，FI）来实现（Epstein et al.，1996）。另有研究对个体决策的启发式－分析模型进行了初步的探索，认为个体在选择任务处理信息时一个最重要的原则是相关性，而分析式过程所选项目进行操纵的目的是产生推论或判断，两者之间存在区别，在消费者决策的演绎和统计推理工作中两种方式发挥着不同的作用，影响启发式选择和加工的因素包括知觉显著性、语言假设和语义关联，分析式加工被认为是上下文相关的：个体根据经验推理而不是根据规则推理（Evans，1984）。在Kahneman（2011）的研究中将启发式－分析系统中的启发式和系统分析两种信息处理方法称为系统1和系统2，系统1是指消费者在进行产品的购买与评价过程中，依靠可获

得的外部线索或依靠记忆中的简单情感信息作出个体决策，系统2是指消费者对成本收益和产品性能进行仔细的思考和研究之后作出的决策。佩蒂等（Petty et al., 1986）提出了与 H-S 模型在概念上有一定相似性的精细加工可能性模型（Elaboration Likelihood Model，ELM）。精细加工可能性模型认为个体在进行信息加工的过程中有两条加工路径——核心路径和边缘路径，核心路径是基于信息的深入加工与审慎思考而进行决策，边缘路径是基于简单推断的情感联想而作出的决策。该研究对可能影响启发式-分析模型的其他相关变量也进行了探讨，认为一个可能影响精细加工可能性模型并可能引发置反的变量就是信息参数的加工仔细程度（scrutiny of message），并对其他研究者在研究中出现分歧的地方进行了解答与论证。

（二）启发式-分析模型的研究现状

关于启发式-分析模型的现有研究主要集中于启发式-分析模型的实证检验与探索；启发式-分析模型出现的理论解读与原因探究及解释机制；启发式-分析模型的神经生物学基础，本书对以上三个分支的文献进行了相应的梳理与总结，并对现有研究中可能存在的不足进行了评述。

1. 启发式-分析模型的实证检验与探索

启发式-分析模型的实证检验与探索在具体的信息处理方式上，分析模型是一种"综合性的、分析性的取向"，即感知者对所有信息输入的访问和审查，以判断其对任务的重要性和相关性。而采用启发式处理的个体则关注于可利用的"信息子集"，使他们能够使用简单的推理规则、图式和认知试探来形成自己的判断和决定（Chaiken et al., 1989）。有学者研究发现，就处理条件而言，启发式更有可能在不确定的条件下操纵，这种情况发生在基准利率信号不明确的条件下，原因在于启发式处理是无意识和自动的；相比之下，分析处理则是有意识和深思熟虑的，这决定了个体在进行系统分析思考过程中需要明确的基准利率信息（Kahneman，1973；Tversky et al.，1974）。有学者的研究也同样发现，个体在不确定的情况下进行启发式决策也会遵循以下3条原则：代表性（Representativeness）、可获得性（Availability）、调整和锚定（Adjustment and Anchoring）（Tversky et al.，1974）。

柴肯（Chaiken，1980）在关于启发式和系统分析信息处理方式的研究中发现，对于高反应卷入的个体对信息的处理主要受到信息本身特性的影响（如信息的可信度、例证的数量），而对于低反应卷入的个体来说更容易受到信息来源的影响（如信息的发布者是一个信息接受者喜欢的个体），研究对于基于内容和基于信息源的态度改变进行了检验。此外，相关研究对启发式–分析理论的基本原则进行了归纳：单一性原则（singularity principle，推理和判断是由认知心理模型的形成促进的，每次生成一个）；相关性原则（relevance principle，通过潜意识启发式过程，将问题以一种与当前目标最大化相关的方式进行情境化）；满意度原则（satisfaction principle，个体倾向于接受过程评估模型的结果，除非有更好的理由拒绝它们）（Evans，2006）。研究认为在对模型进行分析处理的基础上很容易生成与任务指令相关的推论或判断，但更积极的干预可能导致替换由启发式系统生成的默认模型，在研究中发现个体在接收到需要处理的问题信息之后，会进行相关特征的表征与发现，而启发式分析过程和分析式加工过程可能递进式地发生（这需要积极地打断决策进程并提供新的有说服力的证据）并进而影响个体的推断与决策。

也有研究者应用启发式–分析模型的相关理论试图激发学生的直觉式思考以便提高学生在物理课程学习当中的成绩，同时对学生在解决物理问题时采用启发式思考推论遇到的困难进行了总结，对学生在应用掌握的知识进行物理基本原理推理时遇到的困难进行了反思，认为一个主要的原因是学生仅依赖各种直接推理进行思考，研究首次将H-S模型应用于教学相关的研究当中，并认为如果教育者能够努力提高学生的元认知能力，将有助于调节直接推理和分析推理之间的相互作用，并提高学生的推理能力（Kryjevskaia et al., 2014）。也有研究者对努力-启发式在沃森选择任务（通过测量字母数和饮酒年龄问题在的卡片检查次数来检验任务的推理过程）中的作用机制进行了研究，在实验当中参与者可以在任何环节取消之前的选择，尽管鼓励重新思考，但一旦选定的卡片很少被取消，结果证明选择卡片绝大部分是由初始的启发性所处理，而后续的分析处理过程很难推翻之前的选择结论，证明了启发式在个体决策过程中的重要作用（Wada et al., 2004）。也有学者对条件推理（conditional reasoning）和启发式推理的关系进行了研究，认为把事件之间的条件关系视为双条件关系的倾向是人类社会判断中许多常见的偏见的基础，研究应用主成分分析对两个概念的可用性维度和代表性维度进行了分析，并对条件推理与两阶段决策模型进行了对比分析（Slugoski et al., 1993）。

在国内的相关研究中，也有研究者关注了决策与推理的双系统——基于直觉的启发式系统和基于理性的分析系统，启发式系统在加工过程中速度较快，占用较少的心理资源（甚至不占用），但启发式加工系统容易受到背景相似性、刻板印象的影响；分析系统加工速度较慢，需要使用较多的心理资源，遵从逻辑和规则，两个系统拥有不同的进化历史和神经基础（孙彦 等，2007）。有研究者关注了用户生成品牌内容的功能型诉求对社交媒体参与度的影响，社交媒体用户生成的品牌内容作为个体决策和购买的重要依据，是消费者信息的重要来源，研究依托和借鉴启发式-分析模型，分析了用户头像外表吸引力与功能性诉求的交互作用，研究发现用户生成品牌内容的功能性诉求深度影响个体社交媒体的参与程度，而用户头像外表吸引力在过程中具有调节机制（刘雨华 等，2022）。此外，刘德文等（2022）基于启发式-分析模型对电影简介文字的可读性和吸引性对电影票房的影响进行了研究，研究发现电影简介文本的可读性和吸引性会对电影首周票房和总票房产生不同的影响，可读性对于电影上映第一周票房影响较大，而吸引性则对电影的总票房具有较大的影响，此外研究者在研究中还对明星对于商品简介文本可读性和吸引性对票房影响的削弱作用，在拥有较高电影评分的组别，可读性和吸引性对首周票房和总票房的负向交互作用显著。也有研究者关注了消费者购后行为当中决策机制的影响因素，研究发现体验购买会更多地采用直觉启发式加工，更容易导致消费者决策购买过程的后悔情绪，而对于实物购买，消费者更倾向于采用理性分析模式而更容易产生决策购买结果的后悔情绪（李倩倩 等，2022）。

2. 启发式–分析思维出现的理论解读与原因探究

有研究认为启发式加工方式使问题变得简单易于处理，而背后的原因是启发式加工遵循了一定的信息加工原则进而减少了个体的认知努力，这些具体的加工原则包括：检验更少的线索、减少困难和难以回忆的线索、简化权重的计算、整合较少的信息、减少选择项（Shah et al., 2008）。马耶夫斯基等（Marewski et al., 2011）在战略选择的研究中发现，在战略选择、认知容量和环境之间存在一个认知的"利基市场"，在这种环境中，战略只能用在较少的情境中，采用简单的启发式加工选择的战略相比采用认知理性选择的战略适用范围较窄。以上研究均认为基于启发式的信息加工可以减少认知努力，但也有研究认为这种认知努力的减少对于需要深思熟虑的信息更加重要，而非简单的直觉式判断（Hilbig et al., 2010）。有研究认为启发式发生的原因在于认知繁忙，在决策者缺乏动机或者认知负荷较重的情况下，启发式系统的加工明显优于分析式加工，而在这种情况下也可能产生较大的非理性偏差（Petty et al., 1999）。此外，由于启发式加工系统的加工速度较快，而基于理性分析的加工速度较慢，因此产生的调整不足也可能导致启发式加工获得更多的采用（Epley et al., 2004）。

3. 启发式–分析模型的神经生物学基础

关于启发式–分析模型的神经生物学基础，相关研究者也对此进行了初步的探索与验证。如Goel和Dolan通过对14个志愿者的fMRI分析发现，在个体依赖逻辑思维和分析系统进行决策的情境中,右下前额叶皮层(right inferior prefrontal cortex)处于激活状态,而当个体依靠直觉、信念进行决策的时候,腹内侧前额皮层(ventral medial prefrontal cortex)处于激活状态,这个研究虽然有较多的限定条件,仍为两个加工方式之间的神经生物机制提供了初步支持,后续有待更多的研究支持。

二、努力启发式相关研究评述

启发式可以有各种各样的启发线索,而不同的外部线索或信息可以导致个体不同的启发式加工结果。努力是取得个人成就的重要原因(Weiner,1972),本书聚焦于手工制造和机器制造的本质区别,人在产品制造过程中所扮演的角色差异,产品所包含生产者努力的多少作为启发式的来源。同时在产品的宣传和推广当中,产品制造方式不仅是产品本身所具有的重要属性,同时也是产品的重要外部信息,而消费者在面对外部信息时,更容易或者更倾向于采用启发式对信息进行加工处理。在关于努力的研究中,个体不仅对自己投入努力的作品或相关任务进行积极的评价,也会对别人的努力进行较高的评价和持更加积极的态度,而也有研究发现努力会导致一些潜在的消极心理和负面情绪(Kurzban,2016)。现有关于努力启发式的研究根据研究对象主体的不同可分为两类:一类是自己努力对其获得结果的可控性研究;另一类是个体对于他人努力结果的评价研究。本书对相关研究进行了梳理和总结。

(一)消费者对于自身投入努力的评价

消费者自身投入的努力包括为了获得产品或者服务而付出的体力、脑力和财力(Cardozo,1965)。而他的研究通过实验的方式证实消费者的满意度受到个体所投入努力多少的影响,当消费者投入较多的努力获得该产品(相比中等程度的努力),在使用产品后会获得更高的产品满意度,而这似乎与营销效率和消费者便捷存在一定相悖的地方。舒克（Schunk, 1983）对学生被试采用对照组与控制组的方式证明了，告知被试的进步是由于自身努力所取得的，被试在随后的减法技能考核中取得了较高的成绩，同时获得了较高的自我效能。卡特赖特等（Cutright et al., 2014）关于个体控制力和产品选择的研究发现，当消费者处于一个较低的自我控制状态时，其会更加愿意购买需要他付出较多努力的产品，而这种高努力程度让消费者在这个过程中获得了自我确证，让消费者相信自己期望的结果是有可能的，同时研究认为个体对控制的自然想法和他们对目标完成率的感知是研究的边界条件。

有研究对固有价值和激励价值进行了区分，由于努力通常是为了获取最好的产品，而消费者基于这个模式进行推论的时候会认为付出努力就会得到最好的结果，因此一些看似毫无意义的努力（noninstrumental effort）也能导致更加积极的推断与价值评价（Kim et al., 2011）。而本书之前关于宜家效应（Norton et al., 2012）、DIY（Watson et al., 2008）、价值共创（Prahalad et al., 2004）的相关研究都直接或间接地证明了消费者对于自我投入努力的产品会给予更高的价值判断和更加积极的产品购买。此外，有研究发现告知被试相对容易的事情存在某些负面效应的时候，个体对于低努力投入的事件或个体表现出较强的负面评价（Brinol et al., 2006）。有研究证实，在个体理解信息的过程中，投入较多的努力会认为信息更加重要，这是因为个体认为重要的信息需要投入努力去理解，而当个体对结果和信息进行记忆时，投入过多努力反而会降低信息的重要性（Labroo et al., 2009）。此外，也有研究发现消费者可以通过自我调整付出努力的多少来对各种决策进行调整（Schrift et al., 2011）。

尽管在多数学科中，个体劳动和努力的一个重要目标是获取经济回报，经济上的收益也是大部分个体从事劳动的驱动力，然而近期研究者对个体努力的相关研究发现，个体努力的社会情绪价值是一个被研究者忽视的重要因素，研究发现个体将自己制作的产品进行售卖之后会获得一种自我确证，会认为自己制造的产品经过了市场的检验,自己作为产品制造者的技术水准得到了消费者的认可,而这种自我确证将会比金钱回报更有驱动力,这与传统的信号理论是相悖的,而自己制造产品的成功售出会导致个体获得较大的快乐和幸福感,这更多的是一种实现性快乐(Schnurr et al.,2022)。目前的学术界和众多的产业也在试图构建和寻找促使个体实现均衡发展的情境,从理论和实践方面保证消费者的福祉和长久幸福感的获得。随着智能制造及人工智能技术的飞速发展,市场上的大量产品和设备都致力于实现节省个体的劳动和努力投入(SNOO公司开发的自动幼儿辅助睡眠机器、Sara Lee可以自动制作冷冻的派、Campbell的制作汤羹技术……),研究发现当个体为自己亲近的人提供照看服务时,这种节省劳动的设备会带来内疚感,影响个体对于自己亲近的人的爱的表达,个体融洽的亲人关系是他们情感、身份和幸福的核心,当个体投入了更多的努力(相比于时间和金钱)之后,会有更多的成就感和个体满意度,在照顾亲人的过程中个体会认为对方更需要的是情绪和情感支持(Garcia-Rada et al.,2022),可见个体的劳动和努力受到自我的高度评价和积极认同。而在亲社会行为的研究中,当一个人的亲社会行为需要付出成本的时候,人们会认为这种亲社会行为是社会身份的一个型号,而其在之后的行为中也会保持与这种自我感知的一致性,并继续保持这种亲社会行为,在研究中个体的努力和付出被认为是一种身份的建构而激发了个体后续的相关行为(Gneezy et al.,2012)。

此外,关于个体对自我努力进行评价的研究还发现,努力是需要成本的,也可能存在一些负面的影响。如神经科学的相关研究表明,需要投入努力的任务可能会导致血压升高和甲状腺激素的释放及交感神经系统的活动(Critchley et al.,2003)。尽管某些消费者在进行自我努力的时候需要花费一定的精力,但大多数的研究都证实了努力对个体的积极影响,也影响个体对于产品或服务的选择。

(二) 消费者对他人投入努力的评价

与自我努力相同,他人努力也是指个体为了达到某个目的或者目标而进行的单个或一系列行为所投入的能量或精力。消费者不仅对自己投入努力的事件或产品会产生更高的评价,而且对他人所付出的努力也进行较为积极的推断和评价。在克鲁格等(Kruger et al., 2004)关于努力启发式(effort heuristic)的研究中发现,努力可以用作质量启发式,被试在对诗词(poem)、画作(painting)和盔甲(armor)进行评价的过程中,这些作品制作花费的时间越长,被试认为产品的质量越高,而这个努力启发式受到模糊性及产品质量难以确认的调节,而研究在讨论部分也提到这是对别人的努力(other-generated effort)进行评价而非对自己的努力进行评价(self-generated effort)。在日常的购买当中,消费者对愿意付出努力的公司或个人给予更高的评价。如莫拉莱斯(Morales, 2005)的研究发现,消费者会奖励那些为制造和展示产品付出额外努力的公司,消费者会通过更高的支付意愿(willingness to pay)、商店选择(store choice)、整体评价(overall evaluations)来奖励这些公司,即便这些产品的真实质量并没有显著的提升。而这种奖励是通过感恩互惠来中介的,但是当消费者发现公司之所以愿意付出更多的努力是被说服的,他们将不会有感恩互惠机制,从而减少对这些公司的奖励。此外,关于个体和他人努力有一个有趣的发现,卡恩等(Kahn et al., 1995)的研究发现当个体在进行高风险的选择时(如医疗和金融),倾向于采用一个简单明了的补偿规则。但是当他们为他人选择的时候却愿意为他们选择较为详尽仔细的规则,即需要付出较多的努力。

基尔马尼等(Kirmani et al., 1989)的研究对感知的产品的广告花费对于产品质量推断的影响,通过系列实验的方式证明了广告花费对于产品质量推断的积极影响,而这种效应之所以产生是因为消费者相信企业持续的广告投入是对产品质量高度自信的体现。而其在随后的研究中对相关结论进行补充实证检验,发现消费者根据广告成本来推断品牌质量属性的效应是一条倒 U 形的曲线，过高的广告成本（extremely high cost）也会导致一些负面认知，极高的广告成本也有可能在资源竞争中挤占属于产品质量研发的资源（Kirmani，1990）。有学者（Mohr et al.，1995）在服务交互背景下对雇员的努力和客户满意度进行了研究，研究结果发现，在服务交互中消费者感知到的雇员努力对交易满意度存在显著的正向影响，表明服务提供者的努力是被顾客所重视的。服务结果也会影响对努力的判断，如果消费者没有获得想要的服务结果，他们也不会认可雇员的努力和艰苦工作。除聚焦于服务交互情境外，也有研究关注了体验供应商的努力和消费者努力对于顾客满意度的共同影响，如索德伦等（Soderlund et al.，2017）对于体验提供者的努力和消费者的努力进行了实证分析，无论消费者在这个过程中努力了多少，高体验提供者的努力会直接导致顾客满意度的提升。通过对来自手机和非手机的评论进行比较，有研究认为来自手机的评论会被认为包含更多的努力而被认为更加可信，此外研究检验了写评论的外部动机对于这种积极评价的负面作用（Grewal et al.，2019）。在前面的文献回顾与整理过程中，我们从个体对自我努力的评价和个体对他人努力的评价进行了较为详细的整理和总结，以往的相关研究和最新研究都证实，从个体对自我和他人两个维度，研究结论保持了高度的稳定性和鲁棒性，多数研究者对于努力进行启发式加工有积极效应的结论基本保持一致。个体对不同来源努力的评价相关研究总结内容见表 2.1。

表 2.1 个体对不同来源努力的评价相关研究汇总

努力的来源	研究内容或结论	相关研究者
自身投入努力	投入努力提高满意度	Cardozo（1965）
自身投入努力	自身努力可以导致更高的自我效能	Schunk（1983）
自身投入努力	高自我努力获得控制感和自我确证	Cutright 和 Samper（2014）；Gneezy 等，2012；Schnurr 等（2022）

续表

努力的来源	研究内容或结论	相关研究者
自身投入努力	努力会获得最好的结果	Kim 和 Labroo（2011）
自身投入努力	努力会增加产品或服务的价值判断	Norton, Daniel 和 Ariely（2012）；Watson 和 Shove（2008）；Prahalad 和 Ramaswaamy（2004）
自身投入努力	低努力的负面评价	Brinol, Petty 和 Tormala（2006）；Garcia-Rada 等（2022）
自身投入努力	高认知努力提高信息重要感知	Labroo, Lambotte 和 Zhang（2009）
自身投入努力	通过调整付出努力的多少来对任务进行调整	Schrift, Netzer 和 Kivetz（2011）
他人投入努力	基于努力的质量启发式	Kruger, Wirtz 和 Van Boven（2004）
他人投入努力	对付出额外努力的公司，消费者会通过更高的支付意愿、商店选择、整体评价来奖励公司	Morales（2005）
他人投入努力	高风险决策（医疗和金融）的稳健性	Kahn 和 Baron（1995）
他人投入努力	广告支出对于产品质量的积极影响	Kirmani 和 Wright（1989）；Kirmani（1990）
他人投入努力	服务交互过程中雇员努力提高客户满意度	Mohr 和 Bitner（1995）；Soderlund 和 Sagfossen（2017）
他人投入努力	他人努力对于评论有效性的影响	Stephen 和 Grewal（2019）

三、感知独特性价值相关研究评述

努力启发式是个体基于努力进行启发式信息加工，在制造方式相关研究领域，手工制造和机器制造的本质区别在于包含生产者个体努力的多少，因此本书在用启发式－分析思维进行理论解读机制时采用了努力作为启发式的前置因素即努力启发式。而努力启发式也具有不同的结果表征，在克格鲁等（Kruger et al., 2004）的研究中，努力被用作质量启发式，而他们的研究也指出努力启发式存在其他的表征，而制造方式的努力启发式结果表征是感知独特性价值。

本书对感知独特性价值的概念发展、发展现状以及个体差异做了相关梳理与总结。

（一）感知独特性价值的概念发展

斯奈德等（Snyder et al.，1977）最早提出了独特性理论，该理论的研究者认为独特性是个体在情境下自我意识的一种表达，每个社会生活中的个体都有体现自我个性与别人保持差异性的需求，寻求与其他个体的差异性也是一种积极的心理表现，研究对个体寻求独特性的动机进行了分析并对独特性感知的相关测量进行了探索，对开发的量表进行了基于实验的效度检验。

在格拉布等（Grubb et al.，1967）关于消费者自我概念、象征主义和市场行为的研究当中，对个性化和消费者、个性化产品形象和消费者产品消费的相关理论和研究进行了系统回顾，发现消费者可以通过消费一些被大众接受而又具有较大差异化的产品来表达自己的想法和特征，而这种行为可以有效地表达自我概念（self-concept）。而贝尔克（Belk，1988）认为个体的所有物（possessions）是消费者个体的延伸，消费者的所有物可以反映个体的自我定位（identities），在对产品进行使用和处理接触中倾注了个人的精力，因此个体可以使用和拥有一些差异化的产品表征自我的定位和其他人的差异化。消费者也可以通过购买具有新奇外形和独特性的产品反映自己的特别之处（Kron，1983）。有学者在关于社会影响理论的梳理与整合研究中，对个体的反从众和个性化进行了解读，并基于社会反映的描述性模型进行了研究，认为个体尊崇规范只是第一阶段的模型，而反一致性反从众是第二阶段的模型，保持独特性是第三阶段的模型（Nail，1986）。

关于独特性价值的相关研究认为，独特性行为通常有两种形式：一种是保持独特，在交流和沟通过程中保持自己的独特性，坚持自己的观点与看法，对自己的思想和观点保持自信（Schlosser，2009）；另一种是反从众，和其他大多数人群保持差异性,选择和其他人不同的产品或服务。例如,在博格等(Berger et al.,2007)关于独特性和个体身份信号的研究中发现,消费者通过作出与别人不同的选择来表达自己希望的身份或群体,在具有明显身份表征的产品(如音乐、发型)选择中,个体可以通过摒弃大多数人的选择来凸显自己的独特性。

(二)感知独特性价值的发展现状

随着独特性理论的发展,关于感知独特性对于个体的定位、身份定位和价值主张的研究也在不断进行,并取得了一定的成果,本书对现有关于感知独特性价值的相关研究进行了梳理与总结,并对研究有待进一步深入的地方进行了说明。现有关于感知独特性价值的相关研究主要集中于以下三个方面:独特性在自我定位和身份定位过程中的作用;独特性作为一种基本的人类需求;独特性和文化影响。

1. 独特性在自我定位和身份定位中的作用

多数研究者关注了独特性对于将自己和他人进行区分在个体和群体层面进行自我表达的作用。在个体的地位受到威胁时,可以通过提高感知独特性价值进行自我概念的重新确定,在面临较大的不确定时个体同样会采用差异化的行为对自我概念进行理解和确认(Breakwell,2015)。在贝莱扎等(Bellezza et al.,2014)红色运动鞋效应(the red sneakers effect)的研究中发现,个体对于那些在正式场合穿戴较为随意或者穿休闲毛衣进入奢侈品店的消费者会进行积极的社会地位和能力推断,研究认为不一致性行为具有一定的社会成本和风险,尤其是在一些关键的场合,不一致性行为的社会成本更高。根据可视化信号理论,旁观者会认为这些个体拥有较高的社会地位和较强的能力,而这种积极效应是由感知自主性所中介的,而当旁观者对环境不熟悉或者认为

第二章 文献综述

个体的这种行为是无意识的这种积极推断就会消失,如扎克伯格和马云青睐各种颜色的毛衣……。在一个群体中很容易被别人影响也并不是一种受人欢迎的个人特质（Jetten et al., 2006）。在菲利普斯等（Phillips et al., 2001）的研究中,研究者认为特立独行的行为意味着自由和自主性,而不用迫于压力去遵循某些规定和制度规范,而这在他人眼中是一种高地位（在组织架构中处于较高地位）的表征。以上关于独特性价值感知的研究主要聚焦于独特性的社会层面,是个体地位和能力的积极表征,可见感知独特性价值更多的是一种社会层面的表征。

此外,有研究关注使感知独特性价值更加凸显的情境因素,既然独特性价值一个重要作用在于自我身份的确证和社会价值的凸显,则感知独特性价值在公开或者公共的环境中更能得到凸显。博格等（Berger et al., 2010）对消费品商标的大小进行了研究,在之前的理论和实证研究中发现大的商标更有利于沟通和交流（基于信号理论和炫耀性消费理论）,而在他们的研究中关注了较为微妙的信号（商标较小）,而小的商标对于知识型消费者而言是大有裨益的,知识型消费者会更加愿意购买这些具有微型商标的产品,这些产品因提供了和主流产品的差异性（differentiation）而受到欢迎,在知识型消费者的眼中,这些微型商标产品反而具有重要的身份确认和兴趣传递的功能。此外研究还关注了消费情境是公共（public）环境还是私人（private）环境,在公共环境下这种效应更加明显,对于带有社会性的表达方式,公共消费情境更受欢迎。在带有社会性的消费者研究中存在两条基本的研究结论:地位相关产品（identity-relevant product）更受欢迎;情境为公共环境（where consumption is public）更受欢迎,可视化在交流过程中具有非常重要的作用。也有研究发现消费者会花费大量的资金到可视化的产品中,以将自己和其他消费者进行区别（Charles et al., 2009）。拉特纳等（Ratner et al., 2002）的研究发现,当个体在公共环境下做决策时,会有更多的多样化选择行为,以便让其他人对自己的选择作出较高的评价,而在私人环境下进行决策时，则多样化程度较低，个体差异化变量（自我管理）在这个过程中具有调节作用，当告知被试消费自己最喜欢的产品才是合适的时这种效应消失。也有研究证实消费者在公共情境下更愿意消费令自己与众不同的产品或品牌（Swaminathan et al., 2009）。消费者也可以通过使用产品的不同维度在不影响群体定位的情况下来满足自己的独特性需求，如购买不同颜色的队服，可见消费者都在尽量寻求一个平衡点来满足自己的独特性感知（Chan et al., 2012）。

2. 独特性作为一种基本的人类需求

有研究认为独特性行为是一种基本的人类需要，尤其是需要在群体中凸显自己的独特性（Vignoles et al., 2000）。最佳区分理论认为，个体的独特性需求是两种动机共同作用的结果，即将自己与他人进行区分和小我要融入大的集体中，而个体所要坚持的是一种中度独特性。根据有关研究，独特性感知不仅是一种文化价值，更多的是一种普遍的人类动机（universal human motives）（Brewer et al., 1999）。而达尔蒙等（Darmon et al., 1988）的研究发现，个体在生命的早期就发展了自我和他人进行区分的独特性动机。此外，个人的区分性也是群体差异化的一部分，小群体里的个体认为自我差异性小，而大群体的个体认为自己和群体内其他成员差异性大（Simon et al., 1987）。莱克等（Reich et al., 2018）在研究中发现对于公司或个人因为错误而制造的产品（瑕疵品），由于消费者认为这种情况发生的概率较小，进而认为产品是独特的，从而增加了产品的购买，在不尊崇独特性的功能品中这种效应就消失了。此外，在AI医疗的发展过程中，尽管医疗设备在疾病诊断与预防方面发挥着越来越大的作用，但由于对个体独特性的忽视，AI医疗依然在消费者群体当中受到了一定的质疑，只有深切关注个体的独特性需求和增强对人类作为生命体的重视，AI医疗才能得到一个较好的发展（Longoni et al., 2019）。

3. 独特性和文化影响

虽然斯奈德（Snyder，1977）在独特性理论中提到，独特性不是某个国家和文化的特色，而是人类的一种基本需求，后来研究者也对此进行了充分证明，但个体的独特性感知或独特性寻求行为都会被个体所处的文化大背景所影响，而其中非常重要的一种就是集体主义文化和个体主义文化的影响。如查尔斯等（Charles et al.，2009）通过国家层面的数据分析发现，在将自己和其他人进行区分的显性开销方面，黑人和葡萄牙裔的花费相比白人的要高。个人的独特性感知和文化因素之间存在互相影响和调节，含蓄内敛的东方文化强调个体之间的相互依存，并对个体的认知、情绪和动机产生深刻的影响（Markus et al.，1991）。有学者（Yamaguchi et al.，1995）对个体主义文化和集体主义文化中的非自我为中心倾向进行了研究，对比了集体主义文化（韩国和日本）和个体主义文化（美国），结果证实集体主义文化中的个体更关心来自群体内部人的奖赏和惩罚，拥有较低的独特性需求，但具有较高的亲和力并对被拒绝敏感。以上文献说明，感知独特性和文化存在一定的互相影响。

（三）感知独特性价值的个体差异

感知独特性价值是每个个体的基本需求，其在自我定位和身份认知的社会影响中具有重要作用（Snyder，1977）。但每个个体追求独特性价值的方式不同，而不同个体对于独特性的需求也不尽相同。

在西蒙森等（Simonson et al.，2000）基于理性的非传统决策研究中发现，高独特性需求的个体（need for uniqueness，NFU）相比低独特性需求的个体，在给予解释之后会采用非常规的决策，而且当给予高独特性需求的个体原因之后他们更不会选择妥协的选项，给被试提供选项要多考虑促进一致性感知（conformity）并进而减缓非常规选择效应。此外，不同自我建构的个体也会表现出不同的独特性感知，互依型个体通过选择独特的产品来满足自己的独特性需求，而独立型自我建构的个体通过追求独特的产品来满足自己的独特性需求（Song et al., 2013）。林恩等（Lynn et al., 1997）关于独特性的研究发现，自我归因的独特性寻求和消费者期望稀缺、创新、定制化产品有关，但是和个体规则的敏感性无关。研究者在关于独特性的量表开发过程中也对不同独特性需求的个体进行了论述，认为不同个体之间的感知独特性存在较大的差异性（Tian et al., 2001）。综上，本书对感知独特性价值的概念提出、理论发展与个体差异的相关文献进行了回顾，在本研究中感知独特性价值作为努力启发式的结果表征，是不同制造方式对产品购买影响内在机制的重要理论解读。

第三节 产品类别与产品价格相关研究评述

在现实生活情境中，机器制造提供功能恒定、制式精确的高质产品，而手工制造提供多样化、独特的优良产品，机器制造和手工制造的产品共同满足消费者的需求，市场上机器制造产品和手工产品共同存在。因此，手工制造积极效应也存在置反的调节和边界条件，本书认为产品类别是这个效应最重要的调节因素，同时感知价格在这个过程中具有边界作用。本书对产品类别和感知价格的相关理论起源与发展现状进行了梳理与回顾。研究基于不同制造方式和产品类型的匹配效应对制造方式影响产品购买的调节作用和边界条件进行了探索验证。

一、产品类别相关研究评述

在关于产品类别的研究中，存在多种多样的产品划分类型，包括体验品（experience goods）和搜索品（search goods）、有益品（virtue）和有害品（vice），以及最近研究者关注较多的物质购买（material purchases）和经验购买（experiential purchases），但是享乐品（hedonic products，HP）和功能品（utilitarian products，UP）的划分是营销研究者和企业界都广为接受的一个划分，而关于享乐品和功能品的研究也是一个长盛不衰的主题。享乐品和功能品之间的资源配置不仅是营销学的研究问题，还是经济学和社会学等学科的重要研究概念。在制造方式对产品购买影响过程中具有重要影响，因此，接下来本书对产品类别相关概念的发展与相关研究进行梳理和总结。

（一）产品类别的相关概念发展

在本书中产品类别划分主要是将产品区分为享乐品和功能品，主要围绕不同产品类别在制造方式对产品购买影响过程中的作用机制展开论证与探索。在经济学和社会学的研究中发现，关于享乐品和功能品的购买与处置不仅是个人消费习惯和消费目标的结果，更有可能受到民族和文化的影响（Berry，1994；Okada，2005）。

1. 享乐品和功能品的概念提出与发展

享乐品是指能够给消费者带来情感（affective）或感官（sensory）上的良好体验，并能给消费者带来愉快、情绪唤起等体验的产品，享乐品更多的是为了满足消费者的情感需要，并给消费者带来体验的乐趣，如高档服饰、珠宝、运动型跑车等（Hirschman et al., 1982）。功能品是指满足个体或消费者的某种功能性需求或完成特定目标（goal oriented）的产品，而功能品带给个体某种工具性目标的满足，更多的是个体基于理性决策的结果，如满足个体基本需求的食物、微波炉、去污剂和安保网络等（Strahilevitz et al., 1998）。享乐品根植于享乐主义的消费观念，享乐主义的消费观念在消费者的心理建构（psychological construct）、产品的种类（product classes）、产品使用（product usage）及个体差异（individual difference）上与传统消费观念存在明显的差异（Hirschman et al.,

1982）。而功能品由认知来引导，是为了满足某种作用或完成某个目标。享乐品和功能品并不是完全割裂开来的，一个产品可能同时具有享乐属性和功能属性，如购买汽车主要用来通勤上班是为了满足功能性需求，而为了旅游度假或者休闲则具有明显的享乐性（Crowley et al.，1992）。消费者对于产品的享乐和功能的认知取决于享乐属性和功能属性的强度比较，学者们普遍认同的是通过产品的购买用途或者消费动机来对产品进行定位，如购买笔记本电脑的目的是完成相关工作任务，则产品是功能品；如购买笔记本电脑是为了观看综艺、电影等节目，则产品是享乐品，产品的购买目的是产品定位和分类的主要依据，也是决定产品类别的核心因素（Pham，1998）。

享乐品和功能品的划分来源于享乐性消费动机（hedonic purchase motivations）和功能性消费动机（utilitarian purchase motivations），消费者购买产品可能出自不同的动机，在某些情境下购买产品是享乐性动机，而在另外一些情境下购买产品是为了功能动机。如惠特利等（Whitley et al.，2018）在关于产品享乐/功能购买动机的研究中发现，当消费者进行享乐性购买时，消费者会认为他们的购买更多的是依赖经验和感觉作出决定（高度主观和独特的），当消费者进行功能性购买时更多地是理性和认知驱动的，相比享乐购买更加客观，因此在进行享乐性购买时，消费者更愿意从较大的选择集中对产品进行选择和甄别。当产品是个性化定制产品或者是社会相似性（social similarity）被启动时这种效应就会减弱。同时，也有研究者关注了享乐/功能购买动机的内外部性，研究证实享乐动机更多的是一种情感满足（affective gratification），而功能动机是为了满足某种更高层次的目标（higher-level goal），因此功能动机被认为具有较强的外部性（Botti et al.，2011）。

2. 享乐品与功能品的概念与其他相似概念的区分与辨析

本书的研究主要聚焦于产品分类中广泛认可的享乐品和功能品的分析与比

较，为了明确概念，本书将其与体验品/搜索品、有益品/有害品、物质购买/经验购买进行了概念区分。

纳尔逊（Nelson，1970；1974）基于信息搜寻理论将产品类别划分为搜索品和体验品，搜索品更多地强调产品的质量和属性信息在消费者购买产品之前就能够准确获取，而体验品质量和属性信息在购买之前不能获取。关于搜索品和体验品的研究主要在电子商务领域，不同产品类别对于产品评论和口碑的影响不同。在克莱恩（Klein，1998）的研究中基于交互式媒体的快速发展（特别是互联网），对线上产品的广告传播方式进行了建模分析，对新环境的网络产品（体验品和搜索品）提出了具体的推广和传播意见。此外，帕克等（Park et al.，2012）在关于电子商务口碑的研究中，对口碑的方向（positive vs negative）和平台的声誉对电子口碑的影响进行了研究，发现负面评论比正面评论的作用大很多，负面评论对于体验品的影响也大于搜索品。此外，享乐品和功能品的差异也不是好和坏的区别，因此有必要将其与有害品和有益品的概念做一定区分，有害品是指那些能够带来短期的快乐和愉悦但是长期来看具有潜在负面影响的产品，而有益品是指能够带来长期收益和好处的产品（Wertenbroch，1998）。而对于有益品和有害品的购买与决策可能存在时间贴现（hyperbolic time discounting）的影响，如里德等（Read et al.，1998）的研究发现，当消费时间还有一个星期时，个体更愿意选择健康的水果而不是垃圾食品，但让个体马上选择消费时，个体却选择了垃圾食品。

此外，本书还对最近研究者比较关注的物质购买和体验购买进行了梳理与论证，体验购买是指重在参与和经历这个事件（如电影），物质购买是指对于一个物体旨在拥有所有权和占有（如一个电子器件），而在该研究中通过调查和实验室实验的方法证实，体验购买相比物质购买能够带给消费者更多的快乐，即便过了一段时间，这种回溯幸福依然是体验购买更高（Van Boven et al.，2003）。而巴斯托斯等（Bastos et al.，2017）基于会话价值的视角，对体验购买相比物质购买能够带来更多的快乐进行了理论机制的分析，同时对购买独特性（purchase uniqueness）、社会赞许（social approval）、更加接近自我（closeness to the self）的中介作用进行了验证，此外当个体试图与谈话者建立关系的动机被移除之后这种效应会消失。本书对日益增长的关于体验购买和物质购买的文献进行了整合与拓展。塔利等（Tully et al., 2018）的研究发现，消费者更愿意为体验购买而进行借贷，这与传统的心理账户（psychological account）理论是相悖的，研究认为时间对于体验购买更加重要，所以消费者会进行这种决策，同时研究发现如果现有决策会影响计划消费（planned consumption）时这种效应会减弱甚至消失。

本书对和产品类别相关的概念，如搜索品和体验品、有益品和有害品、物质购买和经验购买进行了区分，本研究采用了更广泛的产品分类，享乐品和功能品的划分也是从本书的理论构建角度出发。制造方式对消费者产品购买的影响基于努力启发式而导致产品的独特性价值感知，而享乐品的购买也会导致消费者的独特性认知和相关信息加工（Whitley et al., 2018），此外制造方式和产品类别匹配后面的理论机制也需要进一步探索验证。本书将对和产品类别相关的研究进行详细阐述以期为理论构建提供基础。

（二）产品类别的相关研究

关于产品类别的相关研究，不同的影响因素都会影响享乐品/功能品的购买与处置，包括产品的获得概率、得失框架、捐赠、决策情境（单独决策和联合决策）、投入时间、决策主体等。以下对这些研究进行梳理与总结，并对研究中存在的不足和可能的对策与建议进行总结。

在奥库里等（O'Curry et al., 2001）关于产品的获得概率和享乐/功能品选择的研究中发现，当产品的获得概率低时，消费者更愿意选择享乐属性的产品，同时比较了产品的获得模式（中奖或者普通购买）对产品享乐和功能购买的影响，研究证实享乐品作为奖品更受欢迎而功能品采用一般购买模式更受欢迎。功能品的购买更愿意采用一般购买模式可能和功能品易于接受（justification）有关，因为在很多人的文化和生活习惯中强调"勤俭节约，限制享乐"（Berry，1994），这一点在其他研究中也有相应的验证与检验。有学者（Okada，2005）在研究中对不同的呈现方式对享乐/功能品购买影响进行了研究，发现个体喜欢娱乐也会为各种娱乐活动寻找合理的解释和理由，在理由充分的情况下个体更愿意选择享乐品而不是功能品，享乐品或功能品的选择受到产品呈现方式的影响，如果将享乐品和功能品分开呈现，消费者更加愿意购买享乐品，但是将享乐品和功能品一起呈现（presented jointly），消费者对功能品的评价反而更高。此外，研究发现对于享乐品而言消费者更愿意投入自己的时间，而对于功能品而言消费者更愿意投入自己的金钱。

此外，得失框架也会影响个体的产品选择。如在达尔等（Dhar et al.，2000）的研究中发现，当消费者在损失框架（vs 获得框架）下享乐属性会得到凸显，研究还通过田野实验的方式发现，对于享乐型的汽车（vs 功能型）车主估价更高。巴泽曼等（Bazerman et al.，1998）在关于个体处理内心冲突的研究中提出了基于情感的购买"want"和基于认知的购买"should"。而这种"want"和"should"也和享乐/功能购买存在一定的兼容性。而关于捐赠领域的研究也发现，对于通过向慈善机构进行捐款而对产品进行的捆绑销售更加适用于享乐品而非功能品（Strahilevitz et al.，1998）。而关于选择满意度的研究中，研究者发现当消费者进行享乐型决策时，自己作出决定（vs 专家或随机决定）的满意度会更高，而对于工具性决策则没有这种效应。关于动机的研究，工具性决策或选择由于既存目标的影响会破坏心理资源，而体验型决策则加强了这种心理资源并增加了个体实现目标的渴望（Choi et al.，2011）。

在巴特拉等（Batra et al.，1991）的研究中，对消费者态度进行了解构，将其分为享乐和功能两个组成部分，消费者的整体态度取决于这两个组成部分，而这两个组成部分共同作用,在不同的情境会显现不同的态度。在关于产品购后行为的研究中,功能型产品可能会导致负面情感,而享乐型产品会导致正面情感,享乐型产品(vs 功能型产品)激发更高的情绪唤起(arousal)(Mano et al., 1993)。此外,关于心理账户的研究也发现消费者在为购买享乐品而花钱的过程中会感受到更多的痛苦(Pralec et al., 1998)。怀旧对不同的产品类型选择也存在一定的影响,陈瑞等(2017)的研究证实怀旧会促进享乐品的购买,而感性决策方式在这个过程中起到了中介作用,而这种效应对于高理性决策的个体不存在。

有学者在关于多样化的研究中发现,产品的选择集大小不仅会影响个体作出选择还会对他们的选择产生影响,从大的选择集中选择是相对较困难的,因此消费者会选择功能品和有益的产品,而当为消费者提供纵情享乐的理由或者降低辩护(justification)的作用之后这种效应就会消失(Sela et al., 2009)。在契杜尔等(Chitturi et al., 2007)的研究中聚焦于享乐和功能权衡(trade-offs)的情绪和行为结果,功能属性和防御性聚焦更加匹配,而享乐属性和促进性聚焦更加匹配,而在享乐和功能权衡过程中会产生很多积极和消极情绪,如内疚、焦虑、悲伤、失望、高兴和兴奋,选择集中的选项满足了功能和享乐需求后,个体认为享乐属性更重要,在任务选择中功能型选择会更受欢迎,但是消费者愿意为享乐属性支付更多金钱(willingness-to-pay)。综上所述是对产品类别的相关研究的梳理与总结。

二、产品价格相关研究评述

在制造方式对产品购买影响过程中,对理论机理可能存在重要影响的变量就是价格(price)。在市场上,对于同一件产品,手工制造的价格要高于机器制造的价格,本书对产品价格相关的研究进行了梳理与总结。以期为后续模型的建立和假设的提出提供一定的理论机制。以下对价格的概念进行简单介绍，并在此基础上对价格的相关文献进行梳理与总结，主要包括价格与感知价格、感知价格的相关研究两个方面。

（一）价格与感知价格

价格是价值的外在表征与体现，是产品最重要的外部线索（external cues），甚至属于产品的核心范畴。价格是在货物交换过程中价值的标定形式，在产品的交换过程中，货币具有媒介的作用，但货币数值的大小就是交换价值，即价格。价格是由市场的供给（supply）和需求（demand）相互影响而决定的，是供给和需求的平衡点。关于价格的宏观影响可以上升到国家的货币政策和基准利率、股市价格等宏观经济因素（易纲 等，2002）。关于价格的理论也有众多的学派，如劳动价值论（产品的价格由生产产品的必要成本决定）、供给均衡学派（产品的价格由市场上的供给和需求以及达到均衡的状态决定）……价格在宏观层面不仅影响国民经济与国家税收，还影响企业的产品定价、定位策略等，是社会生活大多数活动的价值尺度。在个体层面，产品的价格是产品最重要的外部线索，决定着消费者的产品采用与感知。本书的研究主要聚焦于微观层面价格对于消费者认知和心理的影响，消费者对价格的认知会影响消费者对产品的质量和价值的推断。由于社会中个体经济社会地位的差异，对客观价格的感知存在差异，当外显的价格内化为感知价格后更能预测个体的行为与决策。

1. 关于价格在消费者中的认知

消费者对价格、质量和价值的认知被认为是购物行为（shopping behavior）和产品选择（product choice）的核心决定因素。现有研究对它们之间的关系和可能存在的相互影响进行了理论梳理与模型构建（Zeithaml，1988）。有学者针对之前研究对价格、质量和价值的概念定义不明确、不一致的测量方法和方法论问题进行了针对性的解决，从消费者视角定义了价格、质量和价值，对相关的理论概念构建了模型，发展了理论的相关命题（Zeithaml，1988）。在关于感知质量的定义中，研究者提到不同于实际和真实的质量，感知质量是一种高层次的抽象的产品属性，研究者基于内外部视角及高低水平属性就感知质量和感知价值对购买行为的影响进行了探究。有研究者对产品的利益链进行了分析，研究认为产品最基础的是提供功能性利益（functional benefit），然后是产品的实际功效（practical benefit），最后产品还可能带来如情绪回馈（emotional payoff）的效益（Yong et al.，1975）。在众多关于价格的研究中，有的关注了产品的价格－质量推断（price-quality associations），而现有研究对价格－质量推断中的其他影响因素进行探索与验证。有学者在研究中对价格用作质量表征的条件进行了总结，具体包括其他关于质量线索的可获得性、同类产品中价格的差异性（variation）、同类产品中价格差异的大小、消费者的价格敏感程度或价格意识（price awareness）、消费者是否对同类产品价格的差异性等（Zeithaml，1988）。

阿奇博尔德等（Archibald et al.，1983）对质量、价格和广告的关系进行了梳理与确定，研究发现价格和质量之间更可能是一种积极的关系。此外，在消费者的价格判断中，有研究聚焦于折扣的频率和频度对于价格认知的影响，发现打折频率较高而打折力度较小的产品相比打折频率较低但打折力度较大的产品会被认为价格更低（Lalwani et al.，2005）。

2. 价格－质量推断相关研究

在关于价格的研究当中，一直受到研究者关注的一个问题就是价格－质量推断相关研究，并对可能的影响因素进行不断的探索与验证。相关研究对价格和质量可能的关系进行了论述，并认为价格和质量推断之间的关系受到多种因素的影响，如当产品价格是唯一可获得的线索时消费者更愿意购买昂贵的产品，但当消费者获得了关于品牌、店铺形象和其他质量属性之后，价格就变得不那么重要（Bowbrick，1993）。消费者给予价格的权重受到消费者认为的价格因素的重要性的影响，此外还受到消费者关于产品制式、消费者信息对质量判断等相关因素的影响。当市场上产品的质量差异较大时，消费者更愿意购买昂贵的品牌，因为此时购买到低质量产品的风险较高。此外关于质量的推断还受到价格波动的影响，如果价格过低，消费者会对此表示怀疑，如果价格过高，消费者会认为被过度收费。在卡里德斯等（Kardes et al.，2004）的研究中对选择性信息处理和价格–质量推断的关系进行了论证，研究发现当给定的信息过少或者信息呈现的方式是随机化的，消费者关于质量的推断会较少受到价格的影响。

有学者就解释水平对个体的价格质量推断的影响进行了研究，发现当心理距离较远时，消费者会更多地采用价格作为质量的推断，如当消费者为他人购买时会更多地依赖价格进行质量判断，研究通过测量和直接操控的方式对该研究结论的稳健性进行检验（Yan et al.，2011）。此外，也有研究关注不同的自我建构方式和思维方式对于价格–质量推断的影响。如在拉瓦尼等（Lalwani et al.，2013）的研究中对基于文化的自我建构类型与信息加工模式对产品的质量–价格推断的影响进行了探索验证，研究结果发现，互依型自我建构的个体会采用更多的质量价格推断，这是因为互依型的个体在信息加工方式上倾向于整体（holistic vs analytic）加工，而不同的自我建构方式（独立 vs 互依）是文化影响的结果。也有研究者针对价格质量的其他影响因素进行了研究，有人对消费者的局部（local）/全球（global）定位对消费者采用价格质量推断的影响机制进行了研究，通过8个实地实验和实验室实验以及元分析的方式证实，消费者的局部身份定位会导致其采用更多的价格质量推断，当产品之间的质量差异得到凸显时，全球身份定位的消费者采用价格质量推断会显著增加，当产品之间的质量差异变小时，局部身份定位的消费者采用价格质量推断也会显著减少（Yang et al.，2019）。产品类型和消费者的评论分布对于这个效应存在天然的边界作用。在埃里克森等（Erickson et al.，1985）关于价格的研究中认为，价格和质量是一个相互影响的过程，而且价格并不是态度的决定因素，当消费者的购买意愿非常坚定时，价格会成为一个负面影响因素（negative factor）。

（二）感知价格的相关研究评述

关于感知价格的相关研究，消费者对于不同的感知价格存在不同的理解与认知。价格作为产品价值和购买决策的重要影响因素，是个体是否购买最重要的显性线索。由于个体社会经济地位之间的差异，外显的价格在变为内在的价格之后准确地预测个体的行为和决策。

1. 对于价格的一般感知

迪克森等（Dickson et al.，1990）通过对大型超市购物者的采访和调研发现，购买者花费了很少的时间就完成了自己的购买而其中的很多人竟然没有检查其产品的价格，超过半数的购物者无法正确说出产品的价格，很多购物者也没有意识到自己购买的产品是降价后的。可见，消费者对于客观价格的了解和信息加工并不十分完整，对于感知价格的研究将极具意义和实践启示。有研究对耐用品价格的搜索行为进行了验证，如在格雷瓦尔等（Grewal et al.，1994）的研究中对消费者在购物之前进行价格搜索与比较行为进行解释性研究，研究否定了消费者认为市场上耐用品之间的价格差异很小这种解读，结果发现真正导致这种行为的原因在于消费者通过价格搜索获得的耐用品成本减少的心理效用（psychological utility）很低，虽然消费者可能会认为昂贵的产品的价格差异性很大，但在实际行为中他们未必会对价格进行事前搜索。

2. 对高感知价格产品的心理解读与构建

在高感知价格组，消费者通常将高价格与差异化、独特、稀缺等元素进行理解与解读。有人研究了不同价格的产品对于拥有不同炫耀性需求的个体的影响，发现高稀缺的渴望在价格与需求之间具有负向的调节作用（Hwang et al., 2014）。关于标准化和定制化对个体产品购买影响过程中的研究发现，定制化可以带来更高的控制以及更高的客户满意度，而定制化服务在定价策略当中也坚持了高定价和定价模式多样化的要求，标准化的服务却采用较低的定价（Ding et al., 2016）。有研究者对产品线的定价范围进行了行为学的探讨，通过对产品线定价机制的研究发现，如果产品线产品中有低于顾客最低接受价的产品会被顾客认为产品线质量较低，价值较低而导致较低的支付意愿；如果产品线中产品的最高价高于顾客愿意支付的最高价格，产品的感知质量和感知价值虽然升高了，但支付意愿依然较低；如果产品线的定价低于顾客能接受的最低定价和高于能接受的最高定价，顾客会认为产品质量虽然不同但可以接受（Petroshius et al., 1987）。

班达里等（Bhaduri et al., 2016）对情境线索、消费者独特性需求、产品卷入度和产品知识对奢侈品的期望价格进行了研究，消费者独特性需求会提高产品的卷入度，而产品卷入度会增加消费者对于产品的知识，而增加的产品知识会影响消费者的希望价格，这种价格也会受到产品描述和其他线索的影响。在关于产品差异化、市场投入和品牌资产对定价策略的相关研究中发现，均衡价格（最优价格）和基于创新的产品差异化高度相关，产品差异化（differentiation）和创新（technology domain）是品牌绩效的主要来源。穆尔蒂（Murti, 2010）在关于全球化和文化的研究中提出定价高昂的产品市场（如奢侈品市场）作为市场的领导者提供了文化多样化的产品，全球化并不会导致文化特异性和文化认同的消失，一些产业甚至以全球化契机大力发展自己的产品与文化。科普菲尔（Kapferer，2014）对奢侈品行业的手工化和艺术化进行了研究，认为奢侈品的吸引力主要集中于它的稀缺性，奢侈品行业应该基于工匠精神、稀缺和独特性进行发展。在关于稀缺和流行的研究中，个体在为自己进行购买时，更愿意选择稀缺的产品（limited edition）；而在为他人进行购买时，更愿意选择流行的产品（best-seller），为自己购买更多的是通过感知产品独特性的中介，而为他人进行购买更多的是通过感知消费风险的中介（Wu et al.，2016）。

此外，研究探讨了价格水平在这个过程中的调节作用，因为稀缺的产品相对来说价格要高，在高价格水平下，稀缺的线索会导致更加积极的产品态度和购买意向；在低价格水平下，流行线索会导致更加积极的产品态度和购买意向。关于产品定价的研究也证实，对于定制化的产品适宜采用商议定价，对于定制化产品的差别化定价，消费者会有更高的支付意愿，而产品提供商也会有更多的战略选择空间和利润（Roth et al.，2006）。关于价格竞争的研究发现，在公司异质性的市场产品多样化并不会导致价格竞争的激化，反而会减少公司的价格压力，因为公司产品更好地满足了消费者的需求导致了更高的均衡价格（Xia et al.，2009）。

3. 对低感知价格产品的理解

低价格的产品由于生产成本和创新的限制，低价格的产品的同质性会较高，市场上同类产品的差异化也不大，消费者会认为低价格的产品模式较为单一。如在关于多个市场上服务设计和操纵战略的研究中发现，公司在服务方面可以提供统一的产品（one-size-fites-all），也可以采用产品完全定制化（personalized）的策略来满足不同文化需求的消费者，尽管定制化会产生较大的成本，研究者提出的模型甚至进行了零和博弈的演化分析（Pull et al.，2001）。此外，低感知价格会给消费者一种低产品差异和低创新性的认知（Sandvik et al.，2003）。产品创新战略通常包括两种：对于公司是新的（new-to-the-firm）和对于市场是新的（new-to-the-market），商业绩效包括均衡价格、销量增长、设备使用率和盈利能力，而对于市场是新的产品才能为商业绩效贡献更多的力量。以上是关于产品价格的文献梳理，为本书理论边界的探讨提供了坚实的基础。

第四节 真实性理论相关研究评述

在制造方式对产品购买影响过程中，特别是手工制造产品在消费者的产品购买影响过程中，真实性相关理论和文化因素是重要的解读机制。随着制造智能化的高度发达，人类在制造产品过程中的作用被简化，机器制造存在于我们生活的各个方面，以至于让个体缺乏了真实感（authenticity）。真实性对于理解后现代社会的消费者文化（post-modern consumer culture）至关重要，对于不同文化的理解和认知关乎企业的生存和发展。此外，手工制造（vs 机器制造）的产品更多的是一种地方性（local）的活动与产品，虽然手工制造可以通过发达的互联网销售渠道触达更为广阔的市场，但其生产与制造较多地集中于某个地方，甚至具有某种经营的特许性，是局部文化的表征，因此有必要对不同制造方式特别是手工制造背后的文化因素与外延进行探索与验证。

一、真实性相关研究评述

在不同制造方式对产品购买影响中，不同制造方式的发展具有阶段性，在很长的历史阶段内，手工制造是产品的主要制作方式，具有不可替代的重要作用。而随着机器智能制造的发展，人类只参与产品制造过程的几个步骤，有的甚至完全不需要人的参与（Markoff，2012），人在产品制造过程中的作用变得边缘化，激发了消费者对于真实性的诉求，对于自我确证（self-identity）的需要

(Leung et al., 2018; Reed et al., 2012), 同时也引发了社会学家对于现代主义的思考。在对真实性进行回顾之前, 先对后现代社会进行论述, 而后现代主义是对技术高度发达和进步过程中出现的剥夺人的主体性和同一性, 对人的感觉丰富性也进行侵蚀的思维方式的批判, 本书对此简要论述是为了方便真实性的理解与建构 (Van Raaij, 1993)。在机器制造大幅替代手工制造的过程中, 消费者对于产品的消费不仅是消费产品本身, 还包含消费产品本身的意义, 产品所包含的记忆、情感等 (Belk, 1988; Luutonen, 2008)。因此, 有必要对手工制造背后其他人的因素进行探讨。

(一) 真实性相关概念与发展

真实性 (authenticity) 一词起源于希腊语 authente, 具体含义为 "某人亲手制作" 或 "最初的"。在定义层面真实性和手工制造 (handmade) 就存在联系。此外, 真实性经常与真正的 (genuineness)、现实的 (reality)、真的 (truth) 这些概念联系在一起 (Goldman et al., 1996)。对于真实性的认知是一个复杂的过程, 需要对真实性概念的相关研究进行梳理和总结。Belk 等 (1998) 对美国落基山脉的山人神话 (mountain men) 进行了人种志的研究, 现代山人可以通过参与社群活动实现自我身份的认同, 并在研究过程中基于神话和真实性进行了辩证性的分析和论述。真实性是起源于哲学的一个概念, 特别是指存在主义哲学 (existentialists philosophy) 和美学 (aesthetics), 其中关于美学的真实性则包含了各种各样的艺术品 (various arts) 和音乐创作 (musical genres)。在存在主义的论述中, 真实性是指自己行为和自己信念及渴望的一致性, 尽管有外部压力, 缺乏真实性在存在主义中被认为是不诚实的。关于真实性的呼唤和著名的德尔斐神谕 (Oracle of Delphi) 中认识你自己 (know thysel) 是相一致的, 但是真实性的延伸不仅要认识你自己还要做你自己 (Don't merely know thyself-be thyself)。

真实性在文化活动中也被广泛讨论，真实性的概念经常出现在音乐的亚文化当中，在这些亚文化中，缺乏真实性会被贴上"装腔作势"的标签（Baker et al., 2007）。真实性在市场中的诉求也受到研究者和企业管理者的关注，其中关注较多的是品牌的真实性（brand authenticity），品牌真实性被定义为品牌身份和品牌行为之间的因果联系程度（Schallehn et al., 2014; Morhart et al., 2015）。而查尔顿等（Charlton et al., 2019）则以 Morharet 的品牌真实性量表开发了衡量横向营销伙伴关系真实性的量表（HMP-Authenticity），并通过3个实验对量表的信效度进行了实证检验。如果一个品牌以一种独特的、持续的方式实现了它的品牌承诺，那么真实性就会被感知。

现有关于真实性的研究也在逐渐兴起，但关于真实性的概念和相关维度还没有形成统一的结论，本研究对相关概念进行详细梳理与总结，并基于本书的情境提出相应的概念与分类，回顾的真实性理论和相关研究主要聚焦于和市场及文化相关的内容。

（二）真实性理论的相关研究

关于真实性概念的明确和相关维度的区分是后续模型建构的基础，我们对和真实性相关的研究梳理如下。

1. 真实性概念的维度划分与分歧

随着消费者市场对真实性的呼唤，出现了一部分对于真实性概念和维度进行探讨的相关文献，主客体关系和线索是真实性的重要体现要素，徐伟等（2012）的研究基于线索、主客体关系、个体经验和经济物体验四个角度对真实性概念和维度进行解构，其中主客体关系视角真实性包含客观真实、建构真实、后现代真实和存在真实；个体经验视角真实性包含纯真实、近似真实和道德真实；从线索视角真实性包含指号性真实（indexical authenticity）和符号性真实（iconic authenticity）；从经济物体验视角真实性包含自然真实、原创真实、独特真实、参照真实和影响真实（表2.2）。

表 2.2 真实性维度划分相关研究整理

真实性划分视角（依据）	划分维度	相关研究者
主客体关系	客观真实	Firat，Dholakia 和 Venkatesh（1995）；Belk 和 Costa（1998）；Kozinets（2001）
	建构真实	
	后现代真实	
	存在真实	
个体经验	纯真实	Beverland，Lindgreen 和 Vink（2008）
	近似真实	
	道德真实	
线索	指号性真实	Grayson 和 Martinec（2004）；Rose 和 Wood（2005）
	符号性真实	
经济物体验	自然真实	Gilmore 和 Pine（2007）；Leigh，Peters 和 Shelton（2006）
	原创真实	
	独特真实	
	参照真实	
	影响真实	

在格雷森等（Grayson et al., 2004）的研究中根据 Peirce 的符号学理论将真实性区分为指号性真实和符号性真实，指号性真实是指将与物体在时间和空间上有联系的线索都视为真实性的一部分，而符号性真实是指个体在进行判断时将目前的物体与之前存于大脑中的事物的图像进行对比和确定，从而进行相关真实性的评估。研究也在结论与讨论中提到，随着个体和社会对真实性的诉求提升，商家和企业管理者可以通过满足消费者的真实性需求而在市场竞争中获

得有利的地位。有人对 Trappist 和 Abbey 两种啤酒进行了研究，通过建构的纯真实、近似真实和道德真实三个维度对啤酒的真实性进行了分析，Trappist 啤酒是真正由修道士酿造的，而 Abbey 啤酒则是通过授权的方式将产品的历史等信息呈现给消费，消费者有时可能被广告的宣传所欺骗（Beverland et al., 2008）。

在菲拉特等（Firat et al., 1995）关于后现代社会和消费者需求的论述中多次提到，消费者对于产品的购买不再仅仅是由需求驱动，而是由外部因素引起的需求驱动的，同时指出消费者对于真实性的需求是后现代社会的显著特征。吉尔摩等（Gilmore et al., 2007）在关于真实性经济的研究中解释和探索验证了消费者对于真实性的渴望，真实性表明消费者对于产品服务的购买不会受到商业化影响，消费者作出购买决策是基于他们感知到的真实性，实际上公司提供的服务或产品未必是真实的，消费反映了个体的需求、欲望、经历和激情与个体的自我形象是相一致的（who they are and what they would like to be）。此外，研究者将体验经济的兴起与发展作为真实性理论构建的大背景，并围绕体验进行论述。在徐伟等（2015）对老字号真实性的研究中，将真实性区分为原真实、建构真实和自我真实，并对相关构念的测量量表进行了开发。

2. 真实性的其他相关研究

在夏莱恩等（Schallehn et al., 2014）关于品牌真实的前置影响因素和结果影响变量的研究中，对 600 份线上调研的数据进行了分析，结果证实品牌真实性积极地影响了品牌信任（brand trust），品牌的一致性、连续性和个性化影响品牌的真实性，实证研究结果虽然证实品牌的个性化影响品牌真实感，但其影响作用不大，品牌的一致性是指品牌在每一个品牌接触的点上都实现了品牌承诺，品牌的连续性是指品牌承诺体现了品牌的本质核心，品牌一致性和连续性对品牌真实性的影响较大。萨拉莫内（Salamone, 1997）从文化修正的角度对两家圣天使（San Angel Inns）酒店进行了考察，研究发现位于墨西哥城的圣天使酒店和佛罗里达州迪士尼的圣天使酒店具有同样的真实性,虽然它们处于不同的文化背景当中。科恩(Cohen,1988)对旅游中的真实性和商品化进行了研究,认为真实性是一个可能随着评估者的主观体验和评估情境而发生变化的构念。

麦克坎内尔(MacCannell,1973)对旅游情境中的前台-后台进行了研究,发现前台是后台的商业化,后台则确保了前台所展示的是真实的和可信的,而且不同的旅游者在旅游过程中所追求的也是不尽相同的。真正的旅游者关注的是旅游目的地的前台,在欣赏美景的过程中构建真实感,也有旅游者在旅游的过程中不关注前台-后台,他们更多体验的是在旅游过程中的放松状态和对真实自我的反思与确定。

科济涅茨(Kozinets,2001)从大众媒体的形象来考察消费意义与文化和亚文化的建构,通过20个月的实地观察和对《星际迷航》粉丝的调研发现,《星际迷航》的消费亚文化是一个强大的乌托邦避难所,研究发现并描述了消费是如何满足人们对概念空间的渴望的,在这个空间里人们可以构建自我意识及生活,《星际迷航》的观众构建了"超真实"的存在,而且在这个过程中进行了大量的自我投入。罗斯等(Rose et al.,2005)对电视真人秀节目进行了研究,通过访谈的形式对真人秀节目的真实性进行了探讨,并从定位、情境和产品角度进行了分析,消费者将节目中异想天开的元素和索引元素与自己的生活体验糅合在一起形成了一种自身创造的超现实感知(hyperauthenticity)。佩纳洛扎(Penaloza,2001)通过人种志的方式对美国西部的文化进行了研究,消费者通过参与真实的活动与消费,获得了一种真实的感觉,促进了个体的存在主义感知。有学者对手工艺传承的真实性进行了基于人种志观察、访谈和文本分析的研究,认为消费者无论是在寻找自我、休闲体验还是在购买物质的过程中,都在寻找真实的东西,在分析中研究者考察了自学艺术(self-taught art)市场的发展,这是一个以真实为中心的艺术领域,自学艺术市场中艺术家的性格和他们的生命故事对于产品的形成与创造是至关重要的(Fine,2003)。

有人对消费者追求真实性行为中的线索和驱动因素进行了探索验证,研究通过基于图片的深入访谈发现消费者对于真实性产品的消费带有个人的目标,消费者会聚焦于产品当中传达真实性的线索(如关于真实、真正的信息),而消费者的这个过程是由获取不同的身份定位(控制、联结、美德)利益所决定的(Beverland et al., 2010)。在 Leigh 等(2006)关于 MG 亚文化解读的研究中发现消费者通过对 MG 的所有权、消费经验、身份建构和确认获得一种真实感,作为一个物品 MG 如果有一个完美的标准和有保护的品牌继承,它就是真实的,但作为 MG 体验是真实的是指,当汽车与车主互动可以获得真实感,最后 MG 所有者通过角色表现和公共承诺来验证他或者她的身份。真实性及其相关理论在后现代社会具有很高的吸引力,是消费者产品决策、体验建构、品牌忠诚和亚文化建构的重要决定变量,因此有必要对真实性的相关概念和维度划分及相关理论进展进行深入细致的分析与总结。

二、文化相关研究评述

在不同制造方式对产品购买影响过程中,手工制造存在明显的地域性(local),承载着当地的文化(culture)。在手工产品的制造过程中,由于人的制造与参与,消费者会认为产品具有真实性。在真实性理论的构建过程中,真实性感知对于亚文化的理解和构建存在重要的影响。

(一)文化相关概念范畴

文化是指除政治、经济以外的全部人类精神活动及其产品的统称。文化还有一个相对比较复杂和学术化的定义:文化原意是指"灵魂的培养",后来衍生为生物在其发展过程中所积累起来的和自身生活相关的知识或者经验,使其适应自然或周围的环境,是人群共同生活在相同自然环境及经济生产方式所形成的一种约定俗成潜意识的外在表现。此外，随着互联网的发展，原本相对疏远的个体建立了很多基于价值观、理想、商业、友谊等非常错综复杂的联系，也因此发展出了特定社群意识的亚文化和网络文化，如关于《星际迷航》的亚文化和 MG 消费相关的亚文化。

文化主要包括器物（物质文化）、制度文化和观念（精神文化）三个方面，具体包括了语言、文字、习俗、思想和国力等，客观地说，文化是社会价值系统的总和。物质文化是指人类为了克服自然和适应自然而创造的，具体是指工具、衣食住行所必需的东西，以及现代高科技的创造物。人类借助创造出来的物质文化，获取生存所必需的东西。制度层面是指为了与他人和谐相处所创造出来的制度文化，包括道德伦理、社会规范、社会制度、风俗习惯等。借助这些社群和文化活动，构成了复杂的人类社会。而在理念层面或精神层面，为了克服自己在感情、心理上的焦虑或不安，人类创造了精神文化。比如艺术、音乐、戏剧、文学、宗教信仰等，人类借助这些表达方式获得满足与安慰，维持自我的平衡与完整。本书所指的文化聚焦于制造方式和产品生产的文化，更多的是一种在创造物质的文化，器物层面所形成的文化也包含了理念层次，指个体通过制造或者消费手工制造的产品而获得的真实感，产品作为人类的延伸在对产品处置和互动的过程中也创造了人的精神文化。在本研究中更加聚焦于产品或制造方式能给人带来心理上的体验及唤醒对于文化的兴趣，进而促进对于文化的了解和认知，这些都直接或间接地促进了文化的自我认同和关于文化的传承。

而从哲学的角度进行理解，文化也是对一个人或一群人存在方式的描述，个体存在于历史和时代中，时间和社会、国家、民族都是个体存在的重要平台，而文化是指个体在这个过程中的表达方式，而对于手工制造者而言，自己参与的活动或者制造的产品也是一种自我对话和心灵意识的体现。

（二）文化的影响因素相关评述

关于文化的相关研究主要聚焦于文化的影响因素，如影响文化认同、文化传承、文化兴趣等。在阿诺德等（Arnould et al., 2005）对关于消费者文化 20 年的研究中做了总结与梳理，指出消费者文化是概念化商业生产的图像、文本和群体使用对象相互关联的系统，通过构建重叠甚至冲突的实践、身份和意义来创造群体的集体意识和方向，研究同时指出消费者文化是一个跨学科的传统并具体相对前沿的消费者文化知识。在阿尔登等（Alden et al., 1999）的研究中提出和明确了一种全球消费者文化定位（global consumer culture，GCCP）[vs 局部消费者定位（local consumer culture positioning，LCCP）]，研究发现 LCCP 和 GCCP 在电视广告中都是一种有效的定位构念，但是在电视广告中 LCCP 更加常用，采用 GCCP 的电视广告更多的是一种基于图像的间接的表达方式。此外不同的产品也会采用不同的消费者文化定位，对于耐用品和高科技产品，使用 GCCP 的更多，而对于食物产品、家居、个人看护和低科技产品，使用 LCCP 的更多，服务（services）相比产品（goods）来说使用了更多的 LCCP。此外，采用全球身份定位的个体也较少地采用了质量价格推断，因为只有采用局部身份定位的个体会认为市场上产品的质量差异较大而采用价格质量推断（Yang et al., 2019）。科恩（Cohen, 1988）在关于真实性和商品化的研究中提到，商品化并不会完全破坏商品的文化意义，相反有可能改变它的意义，甚至在旧概念的基础上增加新的意义和内容。

1. 文化认同与文化传承

对文化认同（culture identity）和消费者民族中心主义（consumer ethnocentrism）对国产品牌和进口品牌购买和购买行为的研究发现，文化认同对于增强消费者对于国产品牌的购买和购买意向，消费者民族中心主义对于进口品牌的态度存在较为明显的负面影响,但对于国产品牌和进口品牌实际的购买行为（actual buying of domestic or import brands）没有影响,此外验证了品牌价值在这个过程中的调节作用,无论对于国产品牌还是进口品牌,较高的产品价值都能导致较高的产品购买意向（He et al., 2015）。在何佳讯等（2017）的研究中,基于对中国六大城市消费者的调研发现,在中国文化情境中包含了"文化认同"和"民族传统"两个方面,文化认同比国货意识更能有效地预测消费者对不同来源地品牌的选择行为,此外过去的研究中国家都被作为一个概念进行探究,但研究者对中国不同的城市进行了调研,不同城市间的地域文化也存在较大的差异。托雷利等（Torelli et al., 2017）对文化特异性对于群体边界的影响研究中发现,体验到高文化特异性会导致个体怀念家乡的文化,体验到文化特异性会让个体想扩大自己的群体文化范围,进而对于相关文化产品的购买会增加,而如果这个文化和自己家乡文化存在冲突和竞争,则群体范围扩大的认知会下降甚至会置反。

2. 真实性和文化的关系

科济涅茨（Kozinets, 2001）在关于《星际迷航》亚文化的研究中,采用实地调研和采访的形式对《星际迷航》的相关内容进行了探索,研究发现《星际迷航》是一个巨大的乌托邦避难所,耻辱感、社会处境和合法性需求塑造了多元亚文化的消费意义和实践,在亚文化的构建中个体具有极大的沉浸感,一些文化的表述是粉丝们从作为商业产品的状态中分离出来的,研究结果强调并描述了消费是如何满足当代人们对概念空间的渴望的,在这个空间里,人们可以构建自我意识和生活中重要的事情,文章还揭示了人们对消费者对象的情感投资与商业化的侵蚀之间更广泛的文化张力,个体体验到了超越真实的真实。此外,在关于 MG 亚文化的构建研究中也发现个体感知到的真实促进了文化的理解与构建（Leigh et al., 2006）。

在关于美国西部文化的研究中,佩纳洛扎(Penaloza,2001)通过人种志的研究方式,对消费者在牛仔竞技会上的文化感知,消费者在与牧场主、摊位参展商、动物和西方历史文物的互动中,重塑了与竞争、自然主义、自由独立和家庭传统相关的西方文化意义和记忆,消费者的文化生产过程被记录在消费者行为、情境定位、亚文化互动和市场互动四个层面,文章阐述了消费者积极但又受约束的生产过程和文化意义在这个过程中的作用,以及对消费另一种文化的问题进行了探讨。

3. 文化兴趣的相关研究

在关于假期旅游兴趣的探索研究中,有学者对日益兴起的文化旅游进行了梳理,同时认为假期中的境外旅游主要是由消费者的文化兴趣驱动的(Zbuchea,2012)。此外,关于文化兴趣对于减少群体偏见的研究发现,与另一个社会群体成员的社会联系线索可能激发对该群体文化的兴趣,进而会减少对于该群体的隐形歧视而文化投入(cultural engagement)在这个过程中具有中介作用,对于群体内外文化的分享存在较多的益处(Brannon et al., 2013)。尼古拉(Nicolau,2001)研究了文化兴趣对于个体损失厌恶(loss aversion)的影响,将关于前景理论(Prospect Theory)的研究引用旅游产品定价,研究发现对于目的地的文化兴趣会降低个体感知到的损失厌恶,消费者发现产品较高定价的厌恶感会被文化兴趣所降低,对于旅游的期望快乐(expectation of enjoyment)减少了选择旅游目的地过程中的负面体验。

4. 空间距离的相关研究

在空间距离(spatial distance)的相关研究中,主要集中于两个方面:其一是空间距离对于个体情感和判断的影响。如威廉姆斯等(Williams et al., 2008)在对空间距离对情感(affect and evaluation)影响的研究中证实,远距离启动的被试更少受到来自暴力媒体的情绪干扰,对垃圾食品中卡路里的评估更低,对于自己家庭成员和家乡的情绪依恋更低。此外，梅纳斯等（Meyners et al., 2017）的相关研究认为随着生活中需要使用地理位置来提供很多营销服务，因此对于这个信息的研究也越来越重要，来自距离近的评论更有影响力，而且消费者愿意为评论点评的服务或商品支付更高的价格。托马斯等（Thomas et al., 2012）的研究证实远的空间距离可以降低个体感知到的任务的难度。也有研究发现物理距离会影响个体的价值判断，原价格和打折价格之间的水平距离越大，个体会觉得产品的折扣越高，进而促进购买（Coulter et al., 2009）。有研究发现远的空间距离会被认为具有较长时间距离，对延迟决策表现出更多的无耐心（Kyu Kim et al., 2012）。在空间距离的相关研究中，有研究也关注了地理空间距离对于文化感知的影响作用，如在钱晓慧（2008）的研究中检验了空间距离对于旅游目的地文化差异认知的影响，远的空间距离会激发个体更高的文化兴趣。

第五节　本章小结

在本章中，首先对制造方式的相关研究进行评述，主要对制造方式的概念进行界定，对不同制造方式的相关研究进行了系统的回顾与总结。其次对努力启发式的相关研究进行了评述，本书先对启发式－分析模型的提出和发展进行了梳理与总结，并对相关研究现状进行了回顾，对努力启发式的前置因素——努力（包括个体对自我努力和他人努力的评价）进行了总结，同时对努力启发式的结果表征变量——感知独特性价值的相关研究进行了总结和评述。

然后，本书对产品类别和产品价格相关的研究进行了评述，产品类别具体包括享乐品和功能品，对产品类别的概念进行了明确。此外，对产品价格的相关文献进行了梳理，对价格影响消费者的认知和价格－质量推断的相关研究进行了回顾。

最后，研究对真实性相关理论进行了梳理，包括真实性相关概念与发展、真实性的维度划分、真实性和文化的关系。并对文化相关概念进行了回顾，对文化进行了营销学的定义，对空间距离影响文化认知的相关文献进行了深入的剖析与总结。还对理论构建和假设提出可能用到的文献和相关理论进行了翔实充分的回顾与总结。

第三章

制造方式对产品购买的核心影响机制

第三章 制造方式对产品购买的核心影响机制

在机械智能化制造高度发达的今天，手工制造的产品反而受到消费者的热烈追捧，出现了手工制造的背包、香皂、吉他、板鞋、餐具等。在本章中，研究通过递进的系列实验就制造方式对产品购买（product preference）影响的积极效应进行了探索验证，并对背后的理论机制——努力启发式和感知独特性价值进行了检验。感知独特性价值在不同的个体之间具有差异性，因此研究检验了个体的独特性需求在这个过程中的影响，研究结果证实高独特性需求个体的制造方式主效应得到了加强。此外，产品的使用情境是产品购买形成的重要影响因素，基于感知独特性价值的视角提出了使用情境（private/public）的调节作用，研究结果表明，在公共使用环境中制造方式的积极效应越强。从侧面对本书的理论解读再次进行验证，并对本研究的主要内容和相关结论进行了总结。

第一节 理论分析与假设提出

技术进步和智能化制造的发展提高了生产率，深刻地改变了经济的发展模式及商品的制造方式（Brynjolfsson et al.，2011）。越来越多的产品以机器制造的方式进行生产，机器制造实现了精确化、规模化生产，人只参与产品制造过程中的几个步骤，甚至在生产过程中完全不需要人的参与（Toffler，1980）。不断成熟的机械智能化制造简化了产品制造过程中的人类角色。

机器制造倾向于流水工艺，生产的产品规格制式统一，具有高度同质化的特点（Liebal et al.，2003）。机器技术的进步对于减少产品的误差，代替手工实现产品的批量化生产具有重要意义。在当今机器年代，消费者却越来越青睐手工制造的产品，出现了手工制造的手表、包、玩具、珠宝、吉他、眼镜等众多产品，而且其规模还在不断扩大。现实生活中手工/机器两种制造方式普遍存在。然而，随着制造方式的变革与发展，两种制造方式不断融合使得如何定义及界定手工与机器方式成为一大问题。在 Fuchs 等关于手工制造的研究中，将手工制造定义为制造商（如生产公司）向消费者宣称的产品的制造过程，而非实际的产品制造方式（Fuch et al.，2015）。且该研究认为标记为手工制造（vs 机器制造）的产品可能会被认为包含了更多制造者对产品或生产过程的热爱。指出了手工制造和机器制造的重要差异：相比机器制造强调产品本身特征属性（如产品的一致性、精确性及标准化的特点），手工制造更多强调产品所包含的人的情感和精神层面的获得属性。因此，对于不同制造方式之间的本质差异尚需进一步探讨。

据此，本书认为手工制造就是从选定材料到最后制成成品，主要由人参与完成；机器制造则是从选材加工到最后产出成品，主要依靠机器加工实现，本研究的定义强调的是人在不同制造过程中所扮演角色功能的差异，是手工/机器不同制造方式的本质区别。该定义是相对机器化、自动化生产而言的，并不意味着手工制造就不会使用机器和工具。也正因为如此，手工制造产品能否获得消费者青睐，很大程度上取决于操作者个体努力的投入（窦旭民，2017）。

综上可知，手工制造的产品具有自己的特点和吸引力，依然具有广阔的市场而备受青睐。手工制造的产品由于产品制造过程中人的因素的影响，生产的产品在用料、尺寸、形状等方面存在细小的差异，不同制造者生产的产品存在较大的差异，甚至同一个制造者在不同阶段生产的同一种产品都具有较大的不同。而这种不同会被消费者认为手工的产品更具有差异性，更加独特而受到人们的喜爱（即手工制造的积极效应）。据此，研究提出如下假设：

H3.1：消费者对于手工制造（vs 机器制造）的产品购买意愿更高。

启发式-分析系统模型是一种广泛应用于说服研究中的信息处理模型（Chaiken，1987）。具体而言，系统处理是一种"综合性的、分析性的取向"，个体会采用系统分析的思维对选择域内的所有备选项进行细致的分析和比较，以判断其对任务的重要性和相关性。而采用启发式处理的个体能够使用简单的推理规则、图式或认知试探来形成他们的判断和决定（Kahneman，2011）。启发式更有可能是无意识、自动的，而系统处理则是有意识和深思熟虑的（Fiske et al.，2013）。采用启发式处理的个人在评估信息时花费较少的精力，他们依靠现成的线索来简化决策。而系统分析思维需要综合考虑选择阈内的所有选项（Chaiken et al.，1989；Chaiken，1980）。相较于产品本身而言，产品不同制造方式信息属于产品的外在信息特征，消费者在面对外在信息时更可能采用启发式信息加工模式。启发式有形式多样的可用线索来作为启发判断的决策线索，在制造方式领域，手工制造和机器制造的本质区别在于产品所包含的制造者努力的多少，即卷入的人类劳动的多少，因此本书以努力启发式作为理论解读机制。

在日常的决策与评估中，个体对努力赋予更多的权重以及更加积极的推断（Kim et al.，2011）。现有关于努力在评估决策中的研究主要分为两个方面：一是个体对自己投入努力后结果的评估会有所强化。关于自我认知范式的研究表明，一个人投入的努力越多——无论是时间、体力消耗、疼痛还是金钱——他们对这种努力的结果评价就更加积极（Gerrard et al.，1966）。尤其是当消费者在产品设计及制造阶段投入自己的努力会认为产品更具吸引力（Norton et al.，2012）。二是个体对于他人投入的努力会表现出更高的评价。如克鲁格等（Kruger et al.，2004）的研究表明，决策者认为产品和对象在生产过程中花费更大的努力时会具有更高的质量。此外消费者会奖励那些在生产或展示产品时付出更多努力的公司（通过更高的支付意愿和更高的购买）（Morales，2005）。因此，不论努力是来源于自己还是他人，都会让个体对目标评价物产生积极的推断。不同于价值共创或DIY方式所产生的努力感知，本书聚焦于消费者对制造者所付出努力的感知及其对产品购买的影响。当消费者对手工制造的产品进行评价时，会评估他人在制造该产品时所付出的努力，进一步依据努力启发式对产品进行购买评估。

不同的启发式会有不同的结果表征，克鲁格等（Kruger et al.，2004）的研究认为，投入努力的多少会影响个体对于产品质量的判断，将努力启发式的结果定义为感知质量。而在本研究中，手工制造无法保证产品的精确与稳定，无法在质量上取得优势。因此，本书认为手工制造的努力启发式的结果是独特性价值感知，因为每个手工产品都是独一无二的，即使这些产品出自同一个匠人之手，也会各不相同。例如，一件普通尺寸的木雕造像正常完工需要许多工序，由于每道工序都是手工制造，相较于机器制造的标准化，其差异化特征更加明显，最终导致产品的独特性凸显。由此可知，制造方式作为可以凸显的重要外部线索，消费者对不同制造方式的产品进行评价时会依据产品包含人类努力的多少进行启发式判断，认为手工制造的产品包含了更多的人类努力进而会有更高的独特性价值感知，进而提高对于产品的购买与评价。据此研究提出如下假设：

H3.2：努力启发式在产品制造方式对消费者购买行为影响评估过程中起中介作用。

具体而言，手工制造（vs 机器制造）需要生产者付出更高的努力，这使得消费者使用努力启发式进一步判断手工制造产品具有更高的独特性价值感知，从而提高了对手工产品的购买。

在本研究中，我们认为独特性价值感知是努力启发式的结果表征。而努力启发式在制造方式对产品购买影响的过程中也受到其他因素的影响，如研究认为虽然个体都具有一定程度的独特性需求，但感知独特性价值在不同个体之间也具有较大的差异（Tian et al., 2001）。高独特性需求的个体相比低独特性需求的个体在选择具有独特造型和差异化的产品方面会有更强的驱动动机，他们会主动寻求独特的产品来满足自己的独特性需求（Song et al., 2013）。此外，对高独特性需求个体的研究发现，高独特性需求的个体会更多作出非传统的选择（unconventional choices），如产品转换、接受一个可能失败的交易（Simonson et al., 2000）。高独特性需求的个体会更加期望稀缺的产品，会有更高的消费者

第三章 制造方式对产品购买的核心影响机制

创新性，更不容易受到社会规范的影响，喜欢更加独特的购物体验和场所，对于定制化产品的评价也更高（Lynn et al., 1997）。在"红色运动鞋效应"的研究中，研究者也发现高独特性需求的个体对于产品或行为的独特性感知也越强（Bellezza et al., 2014）。在制造方式影响产品购买过程中，研究认为高独特性需求的个体（vs 低独特性需求的个体）会有更高的独特性价值感知，而制造方式的积极效应会得到加强（bloster）。据此，本研究提出如下假设：

H3.3：高独特性需求的个体（vs 低独特性需求的个体）会有更高的独特性价值感知，制造方式的积极效应会得到加强。

消费者对于产品的购买和处置是消费者个体的自我延伸，对于产品的使用与消费也标志着个体的定位和身份（Belk, 1988）。消费者对于产品的使用和处置非常重要的情境变量是产品的使用情境（consumption situation），消费者在公共场合和私人场合对于产品的使用和处置存在系统性的差异（Bearden et al., 1982；Ratner et al., 2002）。而独特性价值感知和独特性产品的追求是一个相对社会化/公众化的概念（Snyder et al., 1977；Kron, 1983；Berger et al., 2010；Bellezza, Gino et al., 2014）。

个体的独特性追求存在两种方式：一种是保持自己的独特性，坚持自己的观点和看法，对自己的思想保持自信；另一种是反从众行为，和其他大多数个体保持差异性，选择和其他人不同的产品或服务（Schlosser, 2009）。而反从众行为在有旁观者的情况下效应会得到加强，例如行为发生在公共消费情境中时（Bearden et al., 1982）。此外，关于消费情境和产品选择的研究也发现，对于知识型消费者而言，对于商标的选择与购买意愿在公共消费的背景下更强（Berger et al., 2010）。在公共消费情境下，个体会有更多的多样化选择行为，而这样做的原因也是让别人觉得自己的决策是更受欢迎的，且在公共环境下消费更加关注品牌的个性化特征（Ratner et al., 2002；Swaminathan et al., 2009）。因此，在本书中，研究认为个体在公共环境（vs 私人环境）可以感知更多的独特性价值，进而导致更强的对手工产品的购买意愿。据此，本研究提出如下假设：

H3.4：在公共环境（vs 私人环境）下，消费者会有更高的独特性价值感知，进而制造方式的积极效应会更强。

通过以上文献梳理，本研究主要针对制造方式的主效应及其内在机制，以及解释机制的稳健性进行了检验，本研究的具体结构框架如图3.1所示。

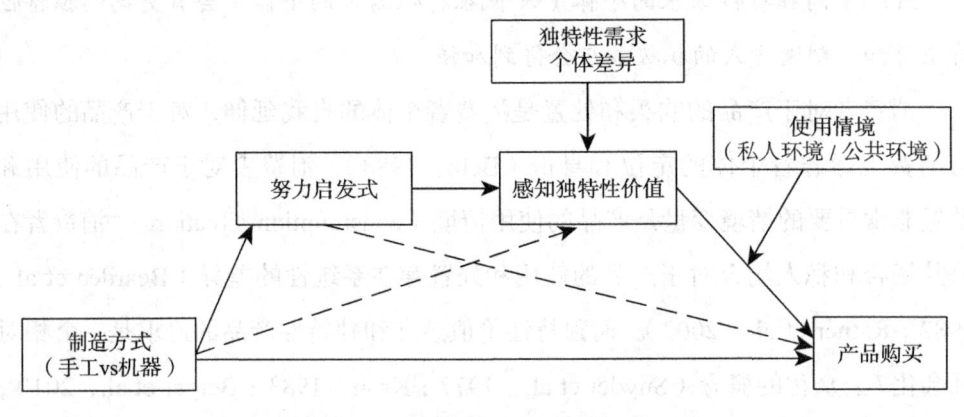

图3.1 研究一的具体结构框架

第二节 实验一：制造方式的主效应检验

在本节当中，研究主要对制造方式的主效应进行了检验，即本研究认为将一个产品以手工（vs 机器）的方式呈现会获得消费者更高的产品购买，为了保证研究的严谨性，本书将同一种产品在产品介绍和描述中操控为不同的制造方式（手工制造或者机器制造）。此外，在现实生活中，在一些产品的描述和介绍中并不提供产品的制造方式信息，为此在本研究中增加了这样一个控制组（no-production mode cue）。因此，本节通过组间和组内实验设计的方式对本书的主效应进行了探索验证。

一、实验目的与设计

本实验的主要目的是验证本章的假设 H3.1，通过组间实验的方式验证本书主效应的存在（即手工制造的积极效应）；具体而言就是，将一个产品以手工（vs 机器）的方式呈现是否会获得消费者更多的产品购买与喜爱。

为了验证手工制造的积极效应，将手工制造组作为实验组，并参照 Fuchs 等（2015）研究采用了两种控制组：一种是机器制造方式，另一种是没有提到生产方式。实验设计采用 3（制造方式：手工 vs 机器 vs 无制造信息）× 4（产品种类：手提包、水杯、毯子、文具）的混合模型设计，其中制造方式为组间设计，产品种类为组内设计。

二、实验过程

实验一共邀请到被试 166 人，参与本研究的所有被试来自天津市 3 所高校的 MBA 学生。每位参与者在计入一次课程作业的基础上，同时给予 5 元话费作为参与奖励。其中，男性被试 80 人，女性被试 86 人，被试平均年龄 31 岁。将被试随机分为 3 组（制造方式：手工 vs 机器 vs 无制造信息），在这三种情况下，参与者都看到了产品的彩色图片（4 种刺激物图片如图 3.2 所示），以及产品的标签（比如手提包）、材质（比如皮革）等产品信息。

手提包　　　　马克杯　　　　毯子　　　　文具

图 3.2　实验一：实验刺激物

看完以上产品后，参与者需要完成6个对产品进行购买评估的七点式量表题项［"不喜欢／喜欢""坏／好""不吸引／吸引""不太可能买／可能买""我不会／我很高兴收到（产品）作为礼物""我不会／我会比其他（产品）更关心这个（产品）"；$α = 0.89$］［该量表参照 Fuchs 等（2015）的研究］。三组之间唯一的区别为是否是提供关于焦点产品如何制造的信息，即提示被试他们所观察到的产品为"手工制造的"或"机器制造的"，或者没有提供制造线索。在评估完所有四种产品后，我们要求参与者完成对研究假设（Perceived Awareness of the Research Hypothesis，PARH）量表的感知意识填写，该量表由以下四个项目：

（1）我知道研究人员在该研究中调查什么；

（2）我不确定研究人员试图在这个研究中证明什么；

（3）我不知道本研究的假设是什么；

（4）我不清楚研究人员究竟想在这项研究中证明什么（7点式李克特量表，1—强烈反对，7—强烈同意；$α = 0.91$）（Rubin et al.，2010）。最后，被试完成了一项开放式的怀疑调查，在调查中，被试被询问及回答这项研究目的是什么并填写了人口统计学变量。

三、实验结果

假设检验：为了观察制造方式对产品购买的整体影响趋势，研究首先将四种产品数据进行整合分析（Yang et al.，2019）。首先测试了两种控制条件下的产品购买是否具有差异，即机器制造和没有提供制造线索（下文将其标记为无制造信息）。实验结果显示机器制造组与无制造信息组间无显著性差异；产品购买得分几乎相同（$M_{机器} = 3.21$ vs $M_{无制造} = 3.19$；$p>0.5$）。这一发现很重要，因为它表明机器制造的基准水平，即与基准条件（没有提示制造方式）相比没有产生负面影响。对于正式假设检验,研究同时将两个控制组的数据平均值与实验组(手工制造)进行比对。研究发现被试对手工制造组产品购买得分显著高于两组控制组的平均得分($M_{手工}$ = 4.11 vs $M_{控制}$ = 3.20;t = 5.39,$p<0.05$)。这些结果为手工效应的存在提供了初步证据,即以手工制造的方式呈现产品比以机器制造的方式呈现产品或根本不提及生产方式更能吸引消费者[注意,如果分别比较手工制造与两种控制条件下的产品评价得分,手工制造的积极效应也很显著:手工制造 vs 机器制造:t(166)= 5.27,$p<0.05$;手工制造 vs 无制造信息:t(166)= 5.44,$p<0.05$]。

为了进一步展现结果,我们分别汇报了四种产品不同制造方式下的产品购买差异,具体结果如图 3.3 所示。由图 3.3 可知,手提包产品:手工制造组被试($M_{手工}$ = 4.09,SD = 1.03)对产品购买评估明显高于机器制造组被试($M_{机器}$ = 3.46,SD = 0.97;t(106) = 3.270,p = 0.001)以及无制造信息组被试($M_{无制造}$ = 3.51,SD = 1.12;t(111) = 2861,p = 0.005);而机器制造组被试与无制造信息组被试对于产品购买评估并无显著差异(t(109) = −0.250,p = 0.803)。对于水杯而言,手工制造组被试($M_{手工}$ = 3.87,SD = 0.87)对产品购买明显高于机器制造组被试($M_{机器}$ = 3.23,SD = 1.02;t(106) = 3.513,$p<0.001$)以及无制造信息组被试($M_{无制造}$ = 2.95,SD = 0.91;t(111) = 5.488,$p<0.001$);而机器制造组被试与无制造信息组被试对于产品购买并无显著差异(t(109) = 1.528,p = 0.129)。就毯子产品而言,手工制造组被试($M_{手工}$ = 4.21,SD = 1.09)对产品购买明显高于机器制造组被试($M_{机器}$ = 3.34,SD = 0.94;t(106) = 4.435,$p<0.001$)以及无制造信息组被试($M_{无制造}$ = 3.29,SD = 1.14;t(111) = 4.380,$p<0.001$);而机器制造组被试与无制造信息组被试对于产品购买并无显著差异(t(109) = 0.251,p = 0.802)。对于文具而言,手工制造组被试($M_{手工}$ = 4.27,SD = 1.31)对产品购买评估明显高于机器制造组被试[$M_{机器}$ = 2.81,SD = 1.23;t(106) = 5.966,$p<0.001$]以及无制造信息组被试[$M_{无制造}$ = 3.01,SD = 1.18;t(111) = 5.377,

$p<0.001$〕；而机器制造组被试与无制造信息组被试对于产品购买并无显著差异〔$t(109) = -0.874$，$p = 0.384$〕。

最后，研究的结果似乎不受实验需求的驱动。控制假设意识（通过 PARH 量表测量，或者排除少数几个猜测研究目标的参与者）不会改变结果，手工制造的效应也不会与假设意识的任何一种测量相互作用（人口统计学变量并未表现出组间差异）。

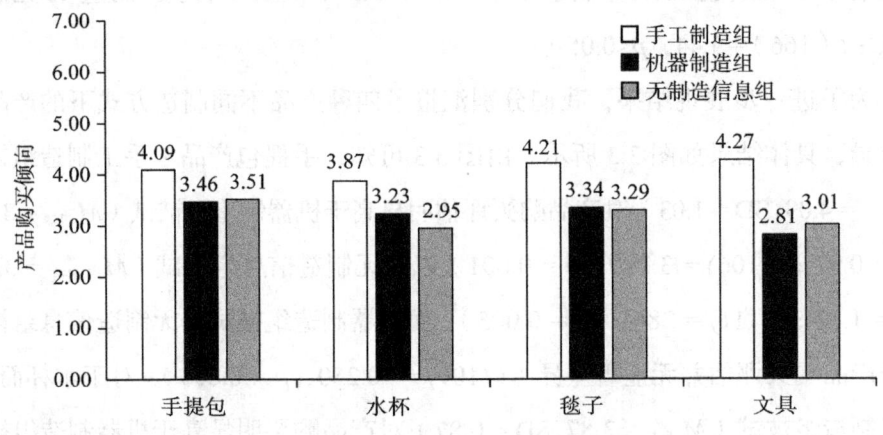

图 3.3　实验一：制造方式的主效应分析

四、结果讨论

实验一验证了手工制造（相比机器制造或无制造信息提示）对消费者感知产品购买（假设 H3.1）的积极影响。研究还发现，在没有生产信息的情况下，其产品购买结果与机器制造产品购买结果无显著差异。鉴于机器制造和无提示条件下的购买相似，手工与机器制造的对比避免了具体的生产方式与未提及的生产方式本身的混淆，研究在后续的研究中以机器制造作为控制组。下文的实验二我们进一步探究手工积极效应存在的内在机制，引入努力启发式进一步解释手工制造产品对消费者有较高吸引力的原因。

第三节 实验二：努力启发式和感知独特性价值的中介作用

在对制造方式对产品购买影响的主效应（手工制造的积极效应：将产品以手工制造的方式呈现会获得消费者更加积极的评价和判断）进行了探索验证之后，本节试图从理论机制解读的视角，对制造方式影响个体购买的内在原因进行探讨。在前述文献回顾和理论分析的基础上，本书认为不同制造的本质区别在于产品所包含个体努力的多少，因此本研究启发式的线索是努力。此外，本研究认为努力启发式的结果表征为感知独特性价值，并通过系列实验的方式对研究的链式中介进行了检验。

一、实验目的与设计

本实验的主要目的是对本研究的假设 H3.2 进行验证，即对努力的感知是否导致个体采用努力启发式加工方式从而认为手工产品的独特性价值感知更高，并进而表现出更高的产品购买意愿。具体中介检验路径为：制造方式（手工 = 1 vs 机器 = 0）→ 努力感知 → 独特性价值感知 → 产品购买。同时，根据实验一研究结论：机器制造的基准水平与基准条件（没有提示制造方式）相比没有产生负面影响。因此，在实验二中，关于制造方式的操纵只分为手工与机器两组，且将机器制造作为控制组。

实验刺激物为实验一中的手提包，实验采用单因素组间实验（手工制造 vs 机器制造），对于制造方式的描述直接在关于产品的描述当中给出关于产品制造方式的信息，在本实验中只呈现手工与机器两种制造方式信息。

二、实验过程

实验被试是123名天津某大学的本科生(有3名被试没有完成实验任务,实验报酬5元),其中男性被试54人,女性被试66人,平均年龄23岁。被试被随机分配到手工vs机器两组中的一种。

与实验一一致,被试首先观察关于手提包的图片海报,其中两组的差异为产品制造信息差异,即实验组提示所观察产品为手工制造;控制组为机器制造。在这之后测量了被试关于这款手提包的产品购买(题项与实验一一致)。然后测量了被试感知到的手提包包含的努力,并完成了努力感知量表($\alpha=0.83$),包括"制造该产品需要较多的人工投入""需要努力去制造该产品""该产品制造过程是困难、费时的"(Kruger et al., 2004)。之后测量了被试对于产品的独特性价值感知($\alpha=0.83$),包括"该产品是独特的""该产品是独一无二的",这里测量独特性价值感知的原因在于独特性价值感知是努力启发式的一个重要结果表征(Synder et al., 1977; Whitley et al., 2018)综合修订)。同时,为了排除其他可能性解释,我们还邀请被试完成了包括"感知质量($\alpha=0.90$):[该产品可能质量不好;该产品可能是低质量的(为避免整体问卷呈正面一致性,该量表采用语义反向量表进行提问)]"(Dodds et al., 1991),"感知专业性($\alpha=0.85$)(产品是专业的;制造该产品的过程具有一定的专业性)"等变量测量题项(Sela et al., 2019)。之后,要求参与者完成对研究假设(PARH)量表的感知意识填写。最后,被试完成了一项开放式的怀疑调查,在调查中,他们被询问及回答这项研究目的是什么和人口统计学变量的填写。本研究中的量表都进行了量表的回译工作,并在正式实验之前招募了被试进行了小范围的预调研,以保证测量工具的有效性。

三、实验结果

（1）产品购买。消费者对于不同制造方式（手工 vs 机器）的产品购买存在显著性差异，即被试对手工制造的产品相比机器制造的产品购买倾向更高（$M_{手工}$ = 4.13，SD = 1.01 vs $M_{机器}$ = 3.45，SD = 0.87；$F(1, 118)$ = 15.74，$p < 0.001$），再次验证了本研究的积极手工效应的存在。

（2）努力感知。结果表明，被试对两种制造方式产品在努力感知方面存在显著差异。手工制造组被试相比机器制造组被试认为产品所包含的努力程度更高（$M_{手工}$ = 4.54，SD = 1.19 vs $M_{机器}$ = 3.46，SD = 1.09；$F(1, 118)$ = 26.94，$p < 0.001$）。

（3）感知独特性价值。不同制造方式对于产品独特性价值感知同样有显著影响。被试对于手工制造的产品相比于机器制造的产品独特性价值感知更高（$M_{手工}$ = 4.25，SD = 1.10 vs $M_{机器}$ = 2.94，SD = 1.23；$F(1, 118)$ = 37.82，$p < 0.001$）而且努力感知对独特性价值感知有积极显著影响（b = 0.3679，SE = 0.1441，$p < 0.001$），这表明对产品的高努力感知导致更强的独特性价值感知。

（4）中介分析。为了确定从制造方式到努力感知再到独特性价值感知从而影响产品购买的中介路径，即制造方式→努力感知→感知独特性价值→产品购买，研究进行了一系列多中介分析（Process Model 6）（Hayes，2017；Zhao et al.，2010；Preacher et al.，2007），Bootstrapping 结果证实了一个积极且显著的间接效应，验证了本研究提出的全中介路径（b = 0.0778，SE = 0.0421，95%CI = [0.0363, 0.2945]）另外两个仅涉及努力感知或仅涉及感知独特性价值的中介路径得到的置信区间包含 0（图 3.4）。

研究还通过重新排序这两种中介，对因果链进行了检验，检验路径如下：制造方式→感知独特性价值→努力感知→产品购买。此替代中介模型的置信区间包含 0（b = 0.0295，SE = 0.0246，95%CI = [−0.0012，0.1032]）。因此，研究得出结论,因果链只发生在本研究理论预测的方向。也就是说,手工制造与机器制造改变了消费者对产品的努力感知程度,影响了产品的独特性价值感知,最终造成产品购买差异,综上,假设 H3.2 得到验证。

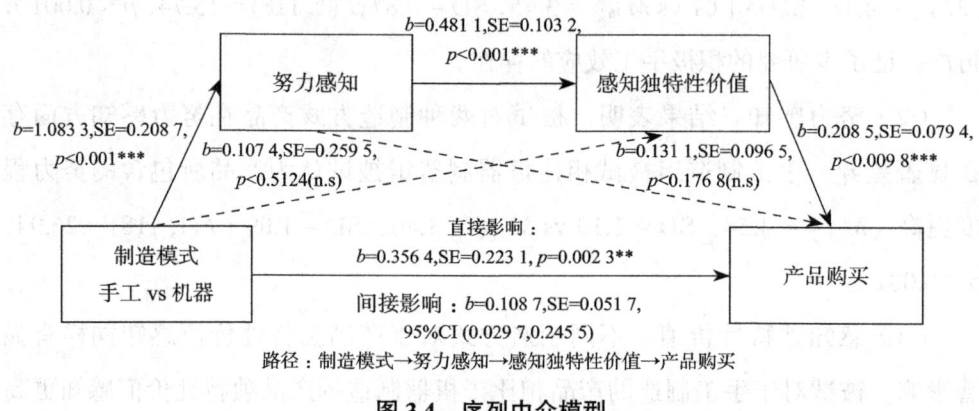

图 3.4　序列中介模型

(** 表示 $p<0.01$,*** 表示 $p<0.001$,n.s 表示不显著)

综上所述,实验二的研究结果发现,制造方式通过影响消费者努力启发式水平进而改变消费者对产品的购买。具体而言,消费者对其产品购买评估会随着产品制造方式的不同而改变。其原因在于制造方式的不同使消费者对产品所包含的努力程度感知存在差异,进一步影响其对产品独特性价值感知不同,最终影响消费者产品购买。

(5)竞争性机制检验。本研究控制了消费者以往是否使用过该产品的经历对产品购买的影响。对其他可能的中介解释变量也进行了测量,包括感知质量(LLCI = −0.259 3,ULCI = 0.151 3)及感知专业性(LLCI = −0.324 1,ULCI = 0.264 6)的中介作用都不显著(不同人口统计学变量之间未有显著差异)。为了排除干扰最大的竞争性解释机制"感知稀缺"。本研究在实验二的部分,增加了后测部分(post-test)(Wang et al.,2017),对手工制造的积极效应过程中的"感知稀缺"进行了测量。感知稀缺的量表参考李东进等和刘建新等研究中使用的量表，包含："您认为该海报传播的信息表明该手提包销售数量是有限的"，"您认为该海报传播的信息表明该手提包很快就会卖完"，采用 7 级 Likert 量表进行了测量（李东进，2016；刘建新，2017）。

实验二后测（post-test）。实验二的后测采用的实验刺激物和过程与实验二一致，实验随机招募了 75 名被试（32 名男性，平均年龄 28.9 岁，5 名被试未完成全部实验数据予以剔除），被试被随机地分配到手工 vs 机器两组中的一组，给被试呈现的是手提包的海报，海报描述了现在正在销售的两款手提包，之后测量了被试对于手提包的产品购买，以及被试对于手提包的稀缺性感知。实验结果表明：手工制造组手提包的产品购买（$M_{手工}$ = 4.48，SD = 1.17）高于机器制造组手提包的产品购买（$M_{机器}$ = 3.62，SD = 1.39），且两者之间的差异显著（$F(1,68)$ = 7.90，p = 0.006<0.05）。手工制造组手提包的稀缺性感知（$M_{手工}$ = 4.84，SD = 1.01）高于机器制造组手提包的稀缺性感知（$M_{机器}$ = 4.37，SD = 1.05），两者之间的差异边缘显著（$F(1,68)$ = 3.67，p = 0.60）。采用 Process Model 4 对感知稀缺的中介效应进行了检验，发现在制造方式对产品评价影响过程中，感知稀缺的中介效应不显著（LLCI = −0.611 7，ULCI = 0.005 1）。此外，为了排除"情感附着（emotion attachment）"这一机制，综合参考汤姆森等（Thomson et al.，2005）以及施罗尔等（Schroll et al.，2018）的研究对情感附着进行了测量（具体让被描述对产品的感觉：充满热情的/充满爱的/情感联结的，1 = 完全不同意，7 = 完全同意，7 级 Likert 量表），并对其进行了中介检验。实证检验表明情感附着在制造方式对产品评价影响过程中的中介作用不显著（LLCI = −0.447 9，ULCI = 0.390 1）。

四、结果讨论

实验二验证了手工积极效应的中介作用机制，即努力启发式，将努力用作独特性价值启发式。实验二虽然参考经典文献的测量方法对努力启发式的中介作用进行了探索验证，验证了本书关于制造方式的积极效应的内在理论机制。但本书的理解和解读是否稳健，是否存在其他可能的调节变量的影响，如对于感知独特性价值不同个体之间是否会有明显差异，有待后续的实验继续进行探索验证。

第四节 实验三：独特性需求个体差异的调节作用

在前述实验当中，研究验证了手工制造的积极效应的存在，并对其背后的理论机制进行了探讨，从努力启发式视角对手工制造的积极效应进行了探讨，并检验了努力启发式和感知独特性价值在这个过程中的链式中介作用。而不同独特性需求的个体对于独特性价值的寻求和感知存在系统性的差异，因此在本实验当中，研究对独特性需求个体差异的调节作用进行了检验，对本书理论机制的稳健性进行进一步验证。

一、实验目的与设计

本实验的主要目的是对本研究假设 H3.3 进行验证，即高独特性需求的个体（vs 低独特性需求的个体）会有更高的独特性价值感知，而手工制造的积极效应会更强，对本书理论机制的稳健性进行验证。

本实验的实验刺激物为水杯（实验一类似马克杯）。本实验采用单因素（制造方式：手工 vs 机器）组间设计。

二、实验过程

从某在线调研平台随机招募了 167 名被试（80 名男性，平均年龄 25.5 岁，有 7 名被试未完成全部实验数据予以剔除），被试被随机地分配到 2 个组中，实验结束获得一定的报酬。被试被告知将会对一款水杯进行产品的评估与判断。首先，给被试呈现一张关于水杯的海报，海报中对水杯的一些细节进行了介绍（主要是对产品的制造方式进行了说明）。之后对被试关于水杯的产品购买进行了测量。对产品中包含的个体努力、独特性价值感知进行了测量，此外本实验中研究参考西蒙森等（Simonson et al.，2000）中的量表对被试的独特性需求（Need for Uniqueness）进行了测量。以及参考前述实验中的问项对感知质量（$\alpha = 0.79$）、感知专业性（$\alpha = 0.88$）进行了测量。之后要求参与者完成对研究假设（PARH）量表的感知意识填写，并完成了一项开放式的怀疑调查，最后让被试填写了人口统计学变量。

三、实验结果

（1）产品购买。对于产品的购买而言，单因素方差分析发现制造方式的主效应显著，消费者对手工制造产品的购买高于机器制造产品，且两者之间的差异显著（$M_{手工} = 4.53$，SD = 1.10 vs $M_{机器} = 3.41$，SD = 0.97，$F(1,158) = 12.11$，$p < 0.001$），再次证明了本研究的主效应。

（2）努力感知。结果表明，被试对两种制造方式产品在努力感知方面存在显著差异。手工制造组被试相比机器制造组被试认为产品所包含的努力程度更高（$M_{手工} = 4.64$，SD = 1.11 vs $M_{机器} = 3.51$，SD = 1.08；$F(1,158) = 18.55$，$p < 0.001$）。

（3）感知独特性价值。不同制造方式对于产品独特性价值感知同样有显著影响。被试对于手工制造的产品相比于机器制造的产品独特性价值感知更高（$M_{手工} = 4.31$，SD = 1.07 vs $M_{机器} = 3.09$，SD = 1.23；$F(1,158) = 28.82$，$p < 0.001$）。

（4）个体独特性需求。结果表明被试的独特性需求均值为 4.12，标准差为

0.73，按照简单坡度分析（simple slope analyses）的分析要求，研究根据高于一个标准差（+1SD）和低于一个标准差（-1SD）对样本进行分组。进样本为高独特性需求组（HNFU，样本数 55）、中独特性需求组（MNFU，样本数 60）和低独特性需求组（LNFD，样本数 45）。为了保证数据分析的准确和可对比性，研究分别在高独特性需求和中独特性需求的样本中随机抽样了 45 个样本，保证了样本数量的一致。研究结果表明，对于高独特性需求的个体而言，手工制造的产品比机器制造的产品偏高更高，且两者之间的差异显著（$M_{手工}$ = 5.16，SD = 1.10 vs $M_{机器}$ = 3.78，SD = 0.97，$F(1,88)$ = 13.10，$p < 0.001$）；对于中独特性需求的个体而言，重复了之前实验研究的结论（$M_{手工}$ = 4.61，SD = 0.86 vs $M_{机器}$ = 4.05，SD = 0.97，$F(1,88)$ = 7.39，$p < 0.05$）；对于低独特性需求的个体而言，尽管被试对手工制造的购买仍高于机器制造，但两者之间的差异不再显著，（$M_{手工}$ = 4.11，SD = 0.89 vs $M_{机器}$ = 3.88，SD = 1.25，$F(1,88)$ = 1.34，$p > 0.05$），具体结果如图 3.5 所示。综上，假设 H3.3 得到验证。

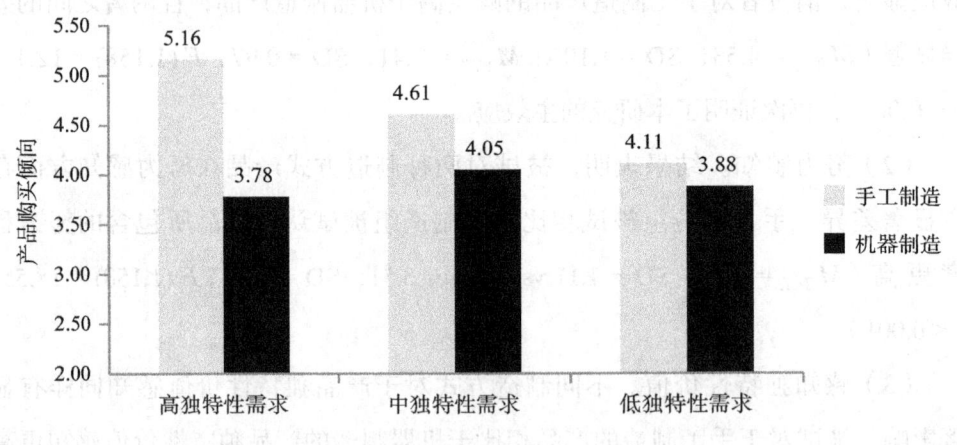

图 3.5 不同独特性需求个体的产品购买差异

（5）中介效应分析。在不同的独特性需求组中，研究采用 Preacher 等

（2007）开发的中介模型（Process Model 6）分别检验了努力启发式和感知独特性价值的中介作用。在高独特性需求组，努力启发式的中介作用显著（LLCI = 0.081 3，ULCI = 0.110 3，效应值为 0.091 1）；在中独特性需求组，努力启发式的中介作用显著（LLCI = 0.041 8，ULCI = 0.102 0，效应值为 0.059 1）但努力启发式在低独特性需求组的中介作用不显著（LLCI = −0.034 2，ULCI = 0.108 4）。而感知质量（LLCI = −0.123 6，ULCI = 0.161 4）、感知专业性（LLCI = −0.105 5，ULCI = 0.117 0）在这个过程中的中介作用均不显著。

四、结果讨论

在本节中，研究对个体的独特性需求的差异在制造方式对产品购买影响过程中的调节作用进行了检验，研究从个体变量的层面入手，探讨了手工制造的积极效应可能存在的调节机制。研究结果证实，对于高独特性需求的个体，手工制造的积极效应会得到加强；在中独特性需求组研究重复了之前实验的结论；而对于低独特性需求的个体，虽然个体对于手工制造的购买要高于机器制造，但两者之间的差异不再显著。本实验从个体层面的变量对本书理论机制的稳健性进行验证，而是否存在其他的情境变量影响理论机制的稳健性，是后续实验需要进一步挖掘和探索验证的。

第五节　实验四：消费情境的调节作用检验

在前述实验和研究中，对制造方式的主效应（手工制造的积极效应）进行了探索验证，并对其背后的理论机制努力启发式和感知独特性价值进行了实证检验。为了验证本书理论解读机制的稳健性，研究对不同独特性需求的个体进行了验证，检验了独特性需求个体差异的调节作用。本小节则从产品的消费情境（Private/Public）的视角出发，检验了消费者不同的使用情境是否会对制造方式对产品购买的积极作用产生影响。

一、实验目的与设计

本实验的主要目的是对本研究的假设 H3.4 进行验证，即在公共消费环境（vs 私人消费环境）下，消费者会有更高的独特性价值感知，进而制造方式的积极效应会更强。

本实验的实验刺激物为文具（笔记本，图例如实验一所示）。实验采用 2（制造方式：手工 vs 机器）×2（消费情境：公开 vs 私人）的组间设计。关于消费情境的操控，本研究参考斯瓦米纳汉等（Swaminathan et al., 2004）的研究中关于消费情境的操控。在公开消费情境中的描述为："这款笔记本的设计，可以很轻松地让你把它装在背包里、牛仔裤上，并在上学、锻炼和旅行时随身携带，记录自己的所见所闻。"在私人消费情境中的描述为："这款笔记的本的设计，可以使你放在家中的抽屉里、书架上，或者放在自己的床头柜里，记录自己一些个人信息。"这与比尔登等（Bearden et al., 1982）以及拉特纳等（Ratner et al., 2002）的研究是一致的，强调产品在家中使用是不引人注意的，相反在公开环境中强调产品的便携设计能够让消费者随身携带，带到自己去的任何地方，以便别人也会看到它，突出消费情境的公共性。而关于制造方式的操控则在描述过程中直接给出产品的制造方式。

二、实验过程

实验的被试为来自国内某大学的 140 名被试（76 名女性，平均年龄 21.5 岁），被试被随机地分配到 4 个组中，实验结束获得一定的报酬。被试被告知他们会对一款笔记本（文具）进行产品评估。首先，给被试呈现一张关于笔记本的海报,海报中对笔记本的一些细节进行了介绍(主要是对产品的制造方式以及使用情境进行了描述)。之后测量了被试对笔记本的产品购买评估、同时对产品中包含的个体努力、感知独特性价值进行了测量并对被试进行了操控检验(测量问项具体如实验二所示)[如这种产品通常用于哪种情境中?"1 = 家庭(used in home)"和"7 = 公共环境(used in public)"]。之后要求参与者完成对研究假设(PARH)量表的感知意识填写并完成了一项开放式的怀疑调查,最后让被试填写了人口统计学变量。

三、实验结果

(1)操控检验。在公共消费者环境的被试认为产品的使用情境为公共环境的得分显著高于私人环境组的产品使用情境得分($M_{公共}$ = 6.01,SD = 1.15 vs $M_{私人}$ = 3.41,SD = 0.96,$F(1,138)$ = 41.55,$p < 0.001$),表明本实验关于使用情境的操控成功。

(2)产品购买。对于产品的购买而言,两因素被试间方差分析发现制造方式的主效应不显著($F(1,136)$ = 3.06,$p > 0.05$),购买动机的主效应不显著($F(1,136)$ = 1.30,$p > 0.05$),制造方式和产品属性的交互作用显著($F(1,136)$ = 12.03,$p < 0.05$)。进一步的简单效应发现,当产品为公共使用情境时,相比机器制造,消费者更倾向购买手工制造的产品($M_{公共-手工}$ = 5.02,SD = 0.51 vs $M_{公共-机器}$ = 4.26,SD = 0.73;$F(1,137)$ = 10.59,$p < 0.001$)。当产品为私人使用情境时,相比手工制造,消费者对手工和机器制造产品的购买倾向无显著差异($M_{私人-手工}$ = 4.23,SD = 0.85 vs $M_{私人-机器}$ = 4.49,SD = 0.94;$F(1,137) < 1$,$p > 0.05$,),结果如图3.6所示。综上,假设H3.4得到验证。

(3)中介效应分析。本研究采用普里彻等(Preacher et al.,2007)开发的调节中介模型(Process Mode 87)对本实验有调节的中介效应进行了检验,研究结果发现,在消费情境为公开时,努力启发式和感知独特性价值的链式中介效应显著(LLCI = 0.051 3,ULCI = 0.090 3,其效应值为 0.061 1);当消费情境为私人时,努力启发式和感知独特性价值的链式中介效应不显著(LLCI = –0.103 6,ULCI = 0.115 9)。

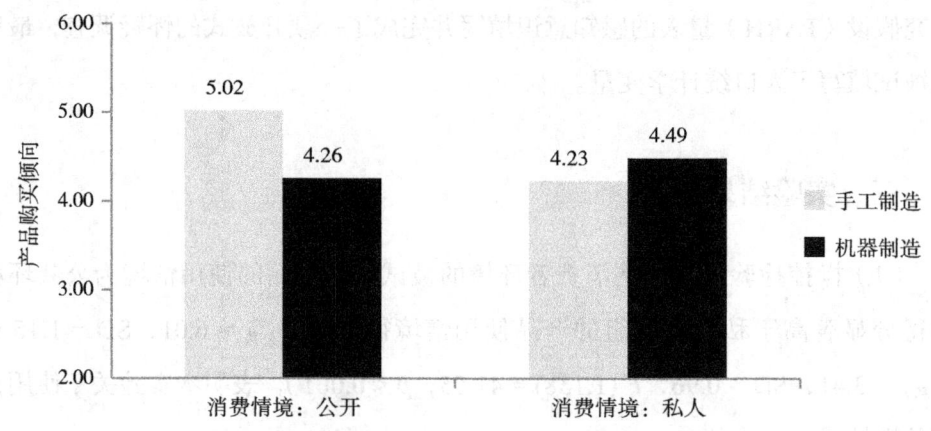

图 3.6　不同消费情境产品购买结果

四、结果讨论

本实验探索了不同的购买情境在制造方式对产品购买影响过程中的调节作用,不同的产品使用情境会影响个体的产品选择与认知处理加工过程,同时也会也会影响个体对于独特性价值的感知。在公共消费情境中,消费者具有更高的独特性价值感知,具有更高的反从众动机,对于手工制造产品的购买会加强;在私人消费情境中,个体对于独特性价值的感知减弱,更加注重产品的使用或根据自己的消费习惯和购买来进行产品的决策,此时手工制造的积极效应会减弱。本实验从情境变量的视角入手,对本书理论解读机制的稳健性进行了进一步的检验,提高的理论的鲁棒性(robust)。在关于理论稳健性的研究中,因果识别的方式可以对理论进行探索，但关于围绕理论解读机制的调节变量解读和情境因素的探讨也具有重要意义（Spencer et al.，2005）。

第六节 本章小结

在本章当中，研究通过系列实验的方式对制造方式影响消费者产品购买的主效应及其内在机制进行了探索验证，在文献梳理和假设推演的基础上，用实证方法检验了努力启发式和感知独特性价值的序列中介作用。并紧紧围绕本书的理论解读机制，从感知独特性价值的个体差异消费者独特性需求角度检验了个体不同的独特性需求在这个过程中的调节作用，围绕情境变量——消费情境（private vs public）检验了本书理论机制的稳健性，用侧面验证方式对本书理论的鲁棒性进行了检验。

实验一通过对166名被试的研究发现，将产品以手工（vs 机器）的方式呈现能获得消费者更高的产品购买与评价，证明的手工制造的积极效应的存在。此外，研究根据消费实际增加了不提供产品制造信息在实验一中作为对照组，结果证实将产品标记为机器制造和不提供产品制造信息的产品购买无显著差异，证明了在消费者的潜意识中机器制造产品的较多。而本研究则证明在当今机器年代，手工制造的产品依然受到消费者的青睐。

实验二则从理论机制构建的视角，探索验证了努力启发式和感知独特性价值在制造方式对产品购买影响过程中的序列中介作用。研究认为手工制造和机器制造的本质区别在于产品包含生产者努力的多少，聚焦于人在产品制造过程中所扮演的角色差异。而在提供了产品的制造方式之后，消费者会基于努力启发式对产品进行认知加工，进而导致更多感知独特性价值，提高消费者对于产品的评价与购买评估。

实验三为了进一步验证本书理论机制的稳健性，从个体层面视角检验了个体的不同独特性在制造方式对产品购买影响过程中的调节作用。对于高独特性需求的个体会从手工制造的产品当中感知到更多的独特性价值，因为高独特性需求的个体在产品的处置与购买当中是寻求（seeking）独特的产品来满足自己的独特性需求（Song et al., 2013）；而对于低独特性需求的个体则对于产品的独特性价值感知不够强烈，虽然低独特性需求的个体仍然购买手工制造的产品，但其差异性变得不再明显。而中独特性需求的个体则重复了之前实验的研究结论，侧面证明了本书理论机制的稳健性。

实验四从情境因素的视角切入，检验了消费情境（private vs public）在制造方式对产品购买影响过程中的调节作用。消费者的独特性需求及其满足更多的是一种社会层面的概念，更多地受到了消费者产品使用情境的影响，在公开情境中的产品消费和处置，消费者能感知到更多的独特性价值，进而导致更强的制造方式的积极效应。

综上，研究通过四个递进的实验，检验了制造方式对产品购买影响的积极效应并对其理论机制进行了探索验证。检验了努力启发式和感知独特性价值在这个过程的中介作用机制，并围绕独特性概念构建和梳理本书的调节变量。从个体差异性的独特性需求（NFU）和环境层面的消费情境方面进行实证检验，对本书理论机制的稳健性进行了检验。在实证主义研究范式中，理论机制的解读需要依靠不同的个体变量和情境变量来完善，以提高理论解读的适用性和鲁棒性。

第四章

产品类别在制造方式对产品购买影响过程中的匹配机制

第四章 产品类别在制造方式对产品购买影响过程中的匹配机制

本书第三章通过系列实验的方式对制造方式影响消费者产品购买的主效应及其内在机制进行了检验,对基于努力的启发式和感知独特性价值在这个过程中的中介作用进行了实证检验。同时围绕独特性感知构建理论,检验了个体独特性需求和使用情境在这个过程中的调节作用,从个体层面和使用情境两方面对本书理论解读的稳健性进行了相关验证。但在消费者市场上,机器制造和手工制造的产品同时存在,共同满足消费者多样化的需求。而对于什么样的产品采用手工制造的方式更受消费者欢迎,什么样的产品采用机器制造的方式进行生产会更受消费者青睐,通过现场实地观察和对相关文献的梳理,发现产品类别(享乐 vs 功能)是一个潜在的重要影响变量。因此,在本章中,研究了制造方式和产品类别的匹配效应,以及匹配效应的内在机制,并对匹配效应的边界机制——价格的作用进行了相应的探讨。在本章中,不仅采用了组间选择(choice)、系列实验的方式对本书的研究假设进行了探索验证,还利用网络 Python 的技术获得了手工网站 Etsy 的数据,并基于构建的模型采用大数据验证的方式对本章的主要结论进行了验证。最后对本章的主要结论和主要内容进行了相应的总结。

第一节 理论分析与假设提出

自从工业革命以来,机器标准化生产逐渐代替手工制造,机器生产成为高质量和标准化的代名词(Becker et al., 1992)。机器制造方式提供了制式精确的高质量产品,备受青睐。然而当今机器生产年代,消费者反而怀念手工的产品,出现了手工手表、包、玩具、珠宝、吉他、板鞋、眼镜等众多手工制品,而且其规模还在不断扩大。在实际生活中,手工制造的产品和机器制造的产品共同吸引着消费者购买,满足消费者的需求。现有研究关于制造方式对产品购买影响的结论存在不一致的地方,因此手工制造的积极效应并不是一个普适性的结论，背后存在其他重要的影响变量。本书基于调研和文献梳理发现，制造方式和产品类别在产品购买过程中具有匹配效应。

技术进步和智能化制造的发展加速了创新，提高了生产率，不可逆转地改变了经济的发展方式以及制造业生产模式（Brynjolfsson et al.，2011）。产品越来越多地以机器制造的方式进行生产。机器进行大规模、精确化生产，受到人们的青睐。由于机器的稳定性和高度精确性，机器能够持续生产出高质量的产品（Brynjolfsson et al.，2011）。机器制造倾向于流水工艺，生产的产品规格制式统一，具有高度同质化的特点。机器制造技术的进步对于减少产品的误差，代替手工实现高质量产品的批量化生产具有重要意义，同时机器制造可以以统一的方式保证生产产品的精确稳定（Liebl et al.，2003）。

然而，机器制造也受到了一些质疑，如米克等（Mick et al.，1998）研究发现机械智能化会带给人压力和焦虑。同时，由于机器制造的高度智能化，人类只参与了产品制造过程中的几个简单步骤，甚至完全不需要人的参与，人类角色在产品制造过程中被简化也引来了争议（Toffler，1980）。最近则有研究关注机器制造对于个体身份确认消费行为（identity-based consumer behavior）的负面影响（Leung et al.，2018）。学者们对制造方式背后人的因素进行了更多的探索与研究，认为消费者参与到产品制造过程中会导致更加积极的产品购买（Norton et al.，2012），手写体（vs 机打体）会导致更强的情绪依恋以及更高的产品评价（Schroll et al.，2018）。探讨和人有关（human presence）的研究正在兴起。

在机器化大生产年代，手工制造并没有销声匿迹，反而随着网络平台的构建，有越来越多的人参与和加入手工制造的行列（如 Etsy，Handmade Amazon）。很多商品会在非常显眼的位置标明自己的生产方式并且特意强调自己的手工属性，如有些酒（Columbia Crest）会强调自己为纯手工酿造。手工制造的产品具有自己的特点和吸引力，具有广阔的市场且备受消费者青睐。富克等（Fuch et al.，2015）在对手工制造的积极效应的研究中，以赠送礼物为背景，研究了

第四章 产品类别在制造方式对产品购买影响过程中的匹配机制

包含爱（contain love）在手工制造对于产品吸引力过程中的中介作用。手工制造过程中匠人对于产品的爱会传递到产品当中，因而手工制造的产品更加富含情感。有研究认为手工制造的产品会丰富人们的情感体验，承载人们的记忆，更加贴近自我（Luutonen，2008）。也有研究证实，手工制造的产品由于匠人的创造性与追求艺术性的特质而更加独特（Hsu et al.，2016），同时手工制造由于制造过程中人的因素导致每个工匠生产的产品存在细微差异、更加独特（Pye，1986）。可见在现有研究中，研究者对于制造方式对产品购买影响的结论存在分歧以及需要进一步探索的地方。下文将对购买类别在制造方式对产品购买过程中的影响关系进行论述。

产品属性驱动着消费者的产品选择与购买，这种考虑主要以产品的享乐、功能属性为基础进而进行后续决策（Dhar et al.，2000）。而产品的享乐、功能属性会影响消费者对于产品的评价以及态度的形成（Batra et al.，1991；Mano et al.，1993）。享乐品是能调动情感和审美感官体验的，会引发感官愉悦、兴奋，带有娱乐性的消费产品，能给顾客带来一种体验的乐趣。功能品是由认知来引导的，是为了起到某种作用或者完成某个目标（Hirschman et al.，1982）。享乐品和功能品都能为消费者提供价值，但是它们提供价值的方式以及本质存在差异，人们更喜欢能使自己情感和感官获得愉悦的产品，但满足某种功能的产品更容易得到人们的支持（justify）（Sela et al.，2009）。

为了满足消费者从享乐品上获得情感和感官上愉悦的需求，享乐品在制造的时候更多地考虑了独特的造型、新颖的设计以及艺术的气息与美感。这些包含情感的因素以及其他个性化的特征能更多地从直觉上吸引消费者的喜爱（Kahneman et al.，2002）。相关研究也证实当消费者以享乐动机进行产品选择时，个体会认为自己的选择更加独特，进而从更大的选择集中挑选产品（Whitley et al.，2018）。可见消费者主要从享乐品种获得一些特别的、差异化的感觉与体验。手工制造的产品因为匠人的创造力以及差异性，每个生产的产品之间都有细小的差异，同时凝聚了匠人的心力和智慧，保证了产品的独特性（Hsu et al., 2016；Fuch et al., 2015），契合了消费者购买享乐品追求差异化、与众不同的需求（Carter et al., 2010）。所以当产品为享乐品时，消费者更喜欢产品以手工的方式进行生产。

对于功能品的相关研究，则从消费者的决策目标角度出发，消费者购买功能品是为了满足某种功能和需求。在产品的分类与归集当中通常将享乐品归为情绪体验产品，将功能品归集为理性诉求产品。功能品是"更多地基于理性认知的（cognition）、工具性的（instrumental）、目标导向的（goal oriented）、能完成某种功能或实际任务（function or practical task）"的产品或服务（Strahilevitz et al., 1998），如微波炉、洗衣粉、保安系统等。为了保证功能品功能的恒定以及更好地满足需求，功能品在制造的过程中倾向于大规模、标准化生产。在功能品的制造当中，消费者更希望生产工艺成熟精确而不出错（Reich et al., 2018）。而机器制造采用流水工艺，进行大规模和标准化的生产，生产的产品为了保证质量的稳定与性能的优异，形状等外部特征基本保持一致。机器制造依托性能上的优势和规模化生产的能力，可以在短时间内生产出大量高质量性能稳定的产品（Brynjolfsson et al., 2011）。得益于机器制造对于生产力的推动，规范化标准化的产品可以给消费者带来良好的体验（Hobson, 1919）。机器制造在满足消费者功能需求和保证产品质量稳定方面具有不可替代的优势。机器制造的产品契合了消费者的功能性的需求。据此，提出假设H4.1、H4.2：

H4.1：对于享乐品而言，相比机器制造，消费者更喜欢产品以手工的方式生产。

H4.2：对于功能品而言，相比手工制造，消费者更喜欢产品以机器制造的方式生产。

如前所述，产品属性和制造方式共同影响消费者的产品购买。对于享乐

第四章 产品类别在制造方式对产品购买影响过程中的匹配机制

品来说，其本质在于满足消费者独特性、差异化的消费体验以及个体感受。而功能品则通过标准化、一致性的外部指标来满足需求或完成任务（Batra et al., 1990；Strahilevitz et al., 1998）。享乐品相比功能品会给个体带来更大的产品差异性感知。对于制造方式来说，手工制造由于匠人的独特性以及创造性，会增大消费者对于产品的感知差异性（Hsu et al., 2016；Fuch et al., 2015），而机器制造通过大规模标准化生产，减少了产品的感知差异性（Brynjolfsson et al., 2015；Liebl et al., 2003）。据此，本研究认为，感知产品差异（perceived product variance）在产品属性和制造方式共同影响消费者购买的过程中具有中介作用机制。据此，提出假设H4.3：

H4.3：感知产品差异在制造方式和产品类别共同影响产品购买过程中具有中介作用。

本研究认为对于强调享乐属性的产品而言，消费者更喜欢其以手工的方式生产；对于强调功能属性的产品而言，消费者更喜欢其以机器制造的方式生产。在这里有一个潜在的前提是手工产品和机器产品的价格是等值的，不会受到感知价格的干扰，这为本研究边界机制的探索与验证提供了思路。

在高感知价格情况下，消费者会将产品与独特性、稀缺性等元素进行联结（Belk, 1989；Hwang et al., 2014；Wu et al., 2016）。对于以高价格为表征有关奢侈品的研究发现高价格产品会被认为具有更好的工艺、更加珍贵和独特（Kapferer, 2014）。高价格的产品花费了匠人更多的精力和心血，因而被认为更具艺术性和更加独特（Bhaduri et al., 2016）。凝结在产品中的艺术性和独特性也会被当作产品价值的一部分。高价格区间的产品不同于批量化生产的无差异产品而需要花费额外的时间和精力投入。在关于产品品牌定价机制的研究中也发现，价格溢价部分主要来源于差异化和创新的投入（Davcik et al., 2015）。对于服务领域的相关研究表明标准化可以有效降低成本、提高效率，用较低的定价吸引消费者，而个性化定制化的服务需要较高的成本，所以定价较高（Ding et al., 2016）。而对于差异化的服务，服务提供商可以使用弹性定价策略获得更高的利润（Roth et al., 2006）。在消费者关于高价产品的认知方面，个体也会倾向于认为高价格的产品提供了多样化的选择以及具有更独特的特征（Petroshius et al., 1987；Bertini et al., 2009）。

而穆尔蒂（Murti, 2010）的研究也证实高价格区间的产品作为市场的领导者提供了更多包含多样化文化的产品来满足消费者的差异性需求。高价格区间的产品也具有区别于其他同类产品的独特属性，具有较大的差异。关于计量模型的实证检验也同样证实，高价格提供给消费者更多的特征选择（Rosen, 1974）。关于市场均衡理论模型的研究直接证实高价格区间的产品具有较高的差异性，而低价格区间的产品具有较高的一致性（Xia et al., 2009）。而手工制造的产品由于匠人的独特性，制造的产品均具有各自的差异性，正好契合了高价格区间消费者对于高差异以及独特的需求。因此，在高感知价格组，消费者更倾向购买手工制造的产品。

相比手工制造，机器制造依托批量化、规模化、统一化生产，在产品价格上具有一定竞争优势。在低感知价格情况下，个体为了保证产品基本功能的实现以及功能的稳定，更加青睐机器制造的产品。机器制造通过规模化制造，降低了产品的生产成本，且保证了产品制式的精确，且具有高度同质化的特点。在低感知价格情况下，消费者购买产品时会以保证产品的基本功能为前提而进行产品的选择（Wu et al., 2016）。而低感知价格的产品也会被认为具有较小的差异化和独特性（Sandvik et al., 2003）。因此在低感知价格组，消费者更倾向购买机器制造的产品。

而在中间价格组，当产品用来满足消费者的享乐需求，即满足个体的情感体验时，消费者对手工制造（vs 机器制造）购买倾向更高；当产品用来满足消费者的功能需求，消费者对机器制造（vs 手工制造）购买倾向更高。

基于以上文献梳理，提出如下假设：

第四章 产品类别在制造方式对产品购买影响过程中的匹配机制

H4.4：感知价格在制造方式和产品类别匹配对产品购买影响过程中具有边界作用机制：

H4.4a：在高感知价格组，无论是强调功能属性还是享乐属性，消费者会更倾向于购买手工制造的产品。

H4.4b：在低感知价格组，无论是强调功能属性还是享乐属性，消费者会更倾向于购买机器制造的产品。

H4.4c：在中间价格组，消费者更喜欢以手工制造方式生产的享乐品、机器制造的方式生产的功能品。

研究二具体的结构框架如图4.1所示。

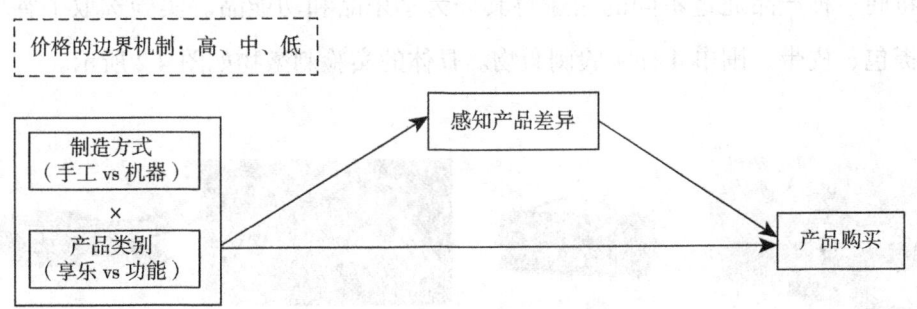

图 4.1 研究二：结构框架图

第二节 实验一：制造方式和产品类别的匹配效应

在现实的消费情境当中，手工制造和机器制造的产品共同吸引着消费者的购买，满足消费者多样化的需求。可见，制造方式的积极效应并不是一个普适性的规律，产品类别的划分决定着产品核心属性范畴，在制造方式对产品购买影响过程中具有重要影响。在本实验中将对制造方式和产品类别的匹配效应进行探索验证，即对于享乐品而言，消费者更喜欢其以手工制造的方式生产；而对于功能品而言，消费者更喜欢其以机器制造的方式生产。研究采用组间选择的方式对制造方式和产品类别的匹配效应进行实证检验。

一、实验目的与设计

本实验的主要目的是验证本研究的假设 H4.1、假设 H4.2，即消费者更喜欢以手工方式生产的享乐品，更喜欢以机器方式生产的功能品。

实验采用单因素组间设计，参考产品用途是决定产品类型（享乐品 vs 功能品）的核心因素（Pham，1988）以及达尔等（Dhar et al.，2000）对产品享乐、功能的操控。在本实验及随后的实验中，为了排除产品种类的干扰，我们将同一种产品通过不同的用途将其分为享乐品和功能品。实验选取了香皂、手提包、皮带、围巾4种实验刺激物。具体的实验刺激物如图4.2所示。

香皂　　　　　　手提包　　　　　　围巾　　　　　　皮带

图 4.2　实验一：实验刺激物

二、实验过程

实验被试为63名来国内某大学的学生（平均年龄20.11岁,其中有33名女性），有3名被试未完成实验任务，将其实验数据剔除。被试被随机安排到A、B两组中的一组，在A组中香皂、手提包被描述成功能品，杯子、围巾被描述成享乐品；在B组中，香皂、手提包被描述成享乐品，杯子、围巾被描述成功能品。在A、B组研究使用交叉设计，以便排除实验刺激物序列效应对实验的干扰。

第四章　产品类别在制造方式对产品购买影响过程中的匹配机制

　　A 组：(香皂、手提包)功能品　　(围巾、皮带)享乐品

　　例如：香皂功能(需要购买一块香皂来洗衣服,你希望它以哪种方式生产？)

　　B 组：(香皂、手提包)享乐品　　(围巾、皮带)功能品

　　例如：香皂享乐(需要购买一块香皂来装饰房间,你希望它以哪种方式生产？)

　　对消费者更希望产品以哪种方式生产进行了提问,采用了 11 级李克特 (Likert) 量表测量,1 表示手工制造,11 表示机器制造,并让被试写下作出某种选择的理由。之后测量了被试的人口统计学变量,并进行了操控检验,对"您认为材料中对于产品的描述偏向于哪一方面？(享乐性描述是指产品满足个体情绪、情感方面的需求；功能性描述是指产品为了达到某种目的、实现某种功能。1 = 享乐性描述,7 = 功能性描述)",以及对被试的情绪进行了测量。

三、实验结果

　　操控检验。操控检验的结果表明,在功能组消费者对于产品的功能型打分大于享乐型打分,且二者的差异显著($M_{香皂-功能}$ = 5.13,$M_{香皂-享乐}$ = 3.92,$p < 0.001$；$M_{手提包-功能}$ = 6.01,$M_{手提包-享乐}$ = 3.90,$p < 0.001$；$M_{围巾-功能}$ = 5.77,$M_{围巾-享乐}$ = 4.81,$p < 0.05$；$M_{皮带-功能}$ = 6.34,$M_{皮带-享乐}$ = 3.51,$p < 0.001$),证明实验对于产品类别的操控是成功的。

　　对 4 组实验刺激物分别进行了实验结果统计。香皂的实验结果表明香皂强调功能属性时的得分显著高于强调享乐属性时的得分,且两者的差异显著($M_{功能}$ = 6.73,SD = 2.71 vs $M_{享乐}$ = 2.27,SD = 1.51；$F(1,58)$ = 46.44,$p < 0.001$)。手提包的实验结果表明手提包强调功能属性时的得分显著高于强调享乐属性时的得分,且两者之间的差异显著($M_{功能}$ = 5.63,SD = 1.89 vs $M_{享乐}$ = 4.07,SD = 2.01；$F(1,58)$ = 12.21,$p < 0.001$)。围巾的实验结果表明围巾强调功

能属性时的得分显著高于强调享乐属性时的得分,且两者之间的差异显著($M_{功能}$ = 5.47,SD = 1.58 vs $M_{享乐}$ = 2.80,SD = 2.11;$F(1,58)$ = 25.32,$p < 0.001$)。皮带的实验结果表明皮带强调功能属性时的得分显著高于皮带强调享乐属性时的得分,且两者之间的差异显著($M_{功能}$ = 8.23,SD = 1.79 vs $M_{享乐}$ = 4.26,SD = 1.01;$F(1,58)$ = 37.12,$p < 0.001$)。

实验结果证实,将产品描述为功能属性时,消费者更希望产品以机器的方式进行生产;将产品描述为享乐属性时,消费者更希望产品以手工的方式进行生产,具体实验结果见表 4.1。

表 4.1 不同实验刺激物享乐/功能组制造方式购买对比

不同实验刺激物	制造方式购买得分		方差分析结果	
	功能组	享乐组	F	p
香皂	6.73(2.71)	2.27(1.51)	46.44	<0.001
手提包	5.63(1.89)	4.07(2.01)	12.21	<0.001
围巾	5.47(1.58)	2.80(2.11)	25.32	<0.001
皮带	8.23(1.79)	3.26(1.01)	131.76	<0.001

注:括号内数据为标准差。

四、结果讨论

实验一的结论初步证明了当产品被描述为享乐属性时,消费者更希望其以手工的方式进行制造;当产品被描述为功能属性时,消费者更希望其以机器的方式进行制造。实验结论初步证明了本研究的假设 H4.1、假设 H4.2。而本实验中的开放性问答在选择手工和享乐组的被试中更多地提到了和感知产品差异大相关的词语,而在选择机器和功能组的被试中更多地提到了和感知产品差异小相关的词语。下一个实验将继续验证本书的理论框架及其背后的机制。

第三节　实验二：感知产品差异的中介作用

在实验一中研究检验了制造方式和产品类别的匹配效应，即对于享乐品而言消费者更希望其以手工制造的方式生产；对于功能品而言消费者更希望其以机器制造的方式生产。在实验二中，研究对制造方式和产品匹配背后的理论机制进行了相关探索验证。通过前述文献梳理，研究认为感知产品差异（perceived product variance）是手工制造与享乐品匹配以及机器制造和功能品匹配对产品购买影响过程中的内在解释机制，在本实验当中，研究对此进行了探索验证，并对其他可能的理论解读与竞争性解释进行了探索验证。

一、实验目的与设计

实验二的目的主要是验证假设 H4.3，即感知产品差异在制造方式和产品属性匹配对产品购买影响过程中的中介作用，同时再次验证制造方式（手工、机器）和产品属性（享乐、功能）对因变量产品购买的影响。

实验二的实验刺激物为香皂（和实验一中实验刺激物类似）。实验采用 2（制造方式：手工 vs 机器）×2（产品属性：享乐 vs 功能）的组间设计。对于制造方式的操控在产品的介绍和文字描述中直接给出产品的生产方式，而对于产品功能/享乐的操控则参考实验一的设计。在享乐组当中产品被描述为"想象你准备购买一款香皂放在客厅做装饰"；在功能组产品被描述为"想象你准备购买一款香皂用来洗手（洗澡）"，具体的分组文字描述具体见表 4.2。

表 4.2　实验二各实验组的文字描述

分组	文字描述
手工 – 享乐	想象你准备购买一款香皂放在客厅做装饰，该款香皂是手工制作的
手工 – 功能	想象你准备购买一款香皂用来洗手（洗澡），该款香皂是手工制作的
机器 – 享乐	想象你准备购买一款香皂放在客厅做装饰，该款香皂是机器制造的
机器 – 功能	想象你准备购买一款香皂用来洗手（洗澡），该款香皂是机器制造的

二、实验过程

实验二的被试为 146 名来自国内某大学的学生（平均年龄 21.3 岁，其中有 75 名女性），其中 6 名学生未完成全部实验，数据予以剔除。实验结束每人获得一定的实验报酬，被试采用随机招募的方式选择。实验共分为 4 组，每组 35 人。被试被告知他们将会对一款香皂进行简单的评价。向被试呈现一张产品的图片，下面会有一部分文字介绍产品的一些细节（主要是对产品的使用目的和生产方式做了说明）。首先对被试的产品购买行为进行了测量，产品购买的测量参考莱克等（Reich et al., 2018）对于产品购买的测量（如我认为这款香皂很有吸引力；很棒；我会更加关注这款香皂，$\alpha = 0.87$）。然后测量了其感知产品差异，感知产品差异的题项参考其他学者（Yang et al., 2019）对于感知方差（perceived variance）的测量并进行了修正（如不同香皂之间具有明显的差异；市场上不同香皂的质量存在很大的差异；1 表示"非常不同意"，7 表示"非常同意"，$\alpha = 0.73$）。最后在问卷的第三部分，对可能的其他中介进行了测量，包括感知质量（$\alpha = 0.83$）、感知价值（$\alpha = 0.81$）。实验中记录了被试的性别、年龄、教育程度等个体相关变量。

三、实验结果

（1）产品购买。对于产品的购买影响而言，两因素被试间方差分析发现制造方式的主效应不显著（$F(1,136) = 3.54$，$p > 0.05$），产品属性的主效应不显著（$F(1,136) = 1.20$，$p > 0.05$），制造方式和产品属性的交互作用显著（$F(1,136) = 6.56$，$p = 0.012$）。进一步的简单效应分析发现，当产品为享乐属性的时候，相比机器制造而言，消费者更愿意购买手工制造的产品（$M_{享乐-手工} = 4.86$，$SD = 0.59$；$M_{享乐-机器} = 4.25$，$SD = 0.95$；$F(1,137) = 10.31$，$p < 0.005$）。这一结果支持了假设 H4.1。当产品为功能属性的时候，相比手工制造而言，消费者更愿意购买机器制

第四章 产品类别在制造方式对产品购买影响过程中的匹配机制

造的产品（$M_{功能-手工}=4.26$，$SD=0.96$ vs $M_{功能-机器}=4.72$，$SD=0.62$；$F(1,137)=6.03$，$p<0.05$）。这一结果支持了假设 H4.1、假设 H4.2，结果如图 4.3 所示。

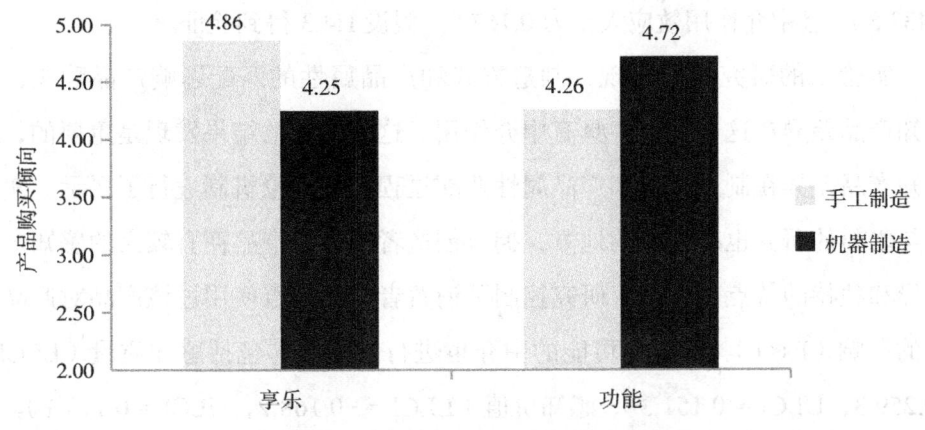

图 4.3 不同分组下被试对产品购买的结果

（2）感知产品差异的中介作用。接下来，研究检测了感知产品差异在制造方式和产品属性匹配对产品购买影响过程中的中介作用。结果显示，当手工制造的产品是享乐属性时感知产品差异的得分高于产品是功能属性时的得分，且两者之间的差异显著（$M_{手工-享乐}=4.69$，$SD=0.47$；$M_{手工-功能}=4.14$，$SD=0.69$；$F(1,136)=15.21$，$p<0.001$）。当机器制造的产品是功能属性的时候感知产品差异的得分低于产品是享乐属性时的得分，且两者之间的差异较小（$M_{机器-享乐}=4.92$，$SD=0.86$；$M_{机器-功能}=4.42$，$SD=0.62$；$F(1,136)=8.02$，$p<0.01$）。

本研究检验了感知产品差异作为制造方式与产品类别匹配情况下对产品购买影响的中介作用。研究使用了普里彻等（Preacher et al.，2007）开发的调节中介模型。利用 Model 8 对数据进行了检验，计算了在 95% 置信区间下的间接效应，验证了制造方式和产品属性的交互作用通过感知产品差异的中介作用对产品购买的影响。如果置信区间不包括 0，表明中介作用显著。感知产品差异在手工制造和享乐属性匹配对产品购买影响过程中的中介作用显著（LLCI = 0.095 1，ULCI = 0.617 4），且中介作用效应大小为 0.279 2。感知产品差异在机器制造和功能属性匹配对产品购买影响过程中的中介作用显著（LLCI = 0.007 3，ULCI = 0.432 5），且中介作用效应大小为 0.167 8。假设 H4.3 得到验证。

实验二的研究结果发现，制造方式和产品属性的匹配影响产品购买，而感知产品差异在这个过程中具有中介作用。这一实验的结果发现是重要的，对感知产品差异在制造方式和产品属性匹配过程中的理论机制进行了揭示。实验二与之前的研究也有一致的地方，拥有创造者特性的产品拥有较大的感知产品差异和独特的特点。此外，研究控制了消费者以往是否使用过该产品对产品评价的影响（Fs<1）。对其他可能的中介也进行了测量，包括感知质量（LLCI = −0.259 3，ULCI = 0.151 3）、感知价值（LLCI = −0.168 2，ULCI = 0.178 1）。后续实验将对本研究匹配机制理论解读的稳健性以及可能的边界条件进行探索。

四、结果讨论

在本实验当中，对制造方式和产品类别匹配背后的机制进行了验证，研究证实感知产品差异在这个过程中具有中介作用。手工制造的产品由于制作者（producer）的创造性和追求艺术性的特质会更加独特，不同的匠人制作的产品具有差异性。同时由于在手工制造过程人的因素的不稳定性，同一个匠人制作的不同产品也存在细小的差异，所以手工制作的产品会有更高的产品差异性，而机器制造的具有功能恒定，知识统一的特点，同类型产品之间差异较小，消费者对于机器制造的产品的感知差异较小。

此外，对于享乐品而言，为了满足个体情感和感官上的体验，满足消费者的情感需求，其在设计上也遵循独特性和差异化的原则，消费者对于享乐品的感知产品差异大；而功能品是为了满足某种需求和目的，其在设计上追求一致性和恒定的结果，消费者对于功能品的感知产品差异小（Reich et al.，2008）。因此在本实验中，研究对制造方式和产品类别匹配而引发的感知产品差异大小进行了实证检验，在后续实验中，本研究继续采用操控中介的方式对本研究理论机制的稳健性进行验证（Spencer et al.，2005），同时对匹配效应的边界机制进行探讨。

第四节　实验三：感知产品差异的操控与探索验证

在本章的实验一中对制造方式和产品类别的匹配效应进行检验，在实验二中对制造方式和产品类别的匹配机制——感知产品差异进行了验证。为了验证理论的稳健性，在本实验中将采用调节的方法验证中介（Spencer et al.，2005）。在实验二中直接对研究的中介变量感知产品差异进行了测量，而在本实验中，研究通过新闻报道的方式操控了研究的中介，来验证制造方式和产品属性的匹配对于产品购买的影响。研究预期在高感知产品差异组，消费者对于手工制造产品有更强的购买意愿；在低感知产品差异组，消费者对于机器制造产品有更强的购买意愿；而在控制组，消费者喜欢以手工制造方式生产的享乐品、机器制造方式生产的功能品。

一、实验目的与设计

本实验的主要目的是对感知产品差异的中介作用进行再次验证，在实验的基础上通过新闻报道的方式对产品的感知差异进行操控，通过调节的方式对本研究的中介进行再次验证，对假设 H3.2 进行再验证以及进行稳健性检验。

实验采用 2（制造方式：手工 vs 机器）×2（产品类别：享乐 vs 功能）×3（感知产品差异：增加 vs 减少 vs 控制）的组间设计。实验刺激物采用围巾，关于制造方式的操控在关于围巾的描述当中直接陈述围巾的生产方式。关于产品属性的操控,享乐属性的描述为"假设你参加聚会需要一条围巾搭配衣服",而关于功能属性的描述为"假设你准备购买一条围巾用来防风防尘"。在本实验中,研究采用新闻报道的方式直接对个体的感知产品差异进行操控。在高感知产品差异组,文字描述如下:"当人们购买一件产品如围巾时,通常会碰到这样一个问题:市面上这种产品的差异会很大吗?南方日报采访了著名的消费者研究领域的专家李博士,他认为市面上不同厂家生产的产品具有明显的差异。鉴于此,李博士还列举了其他的例子来支持他的观点……"。在低感知产品差异组,文字描述如下:"当人们购买一件产品如围巾时,通常会碰到这样一个问题:市面上这种产品的差异会很大吗?南方日报采访了著名的消费者研究领域的专家李博士,他认为市面上不同厂家生产的产品并没有明显的差异。鉴于此,李博士还列举了其他的例子来支持他的观点……"。在控制组当中则介绍了几种关于围巾收藏的方法。实验三新闻报道操控方式如图4.4所示。

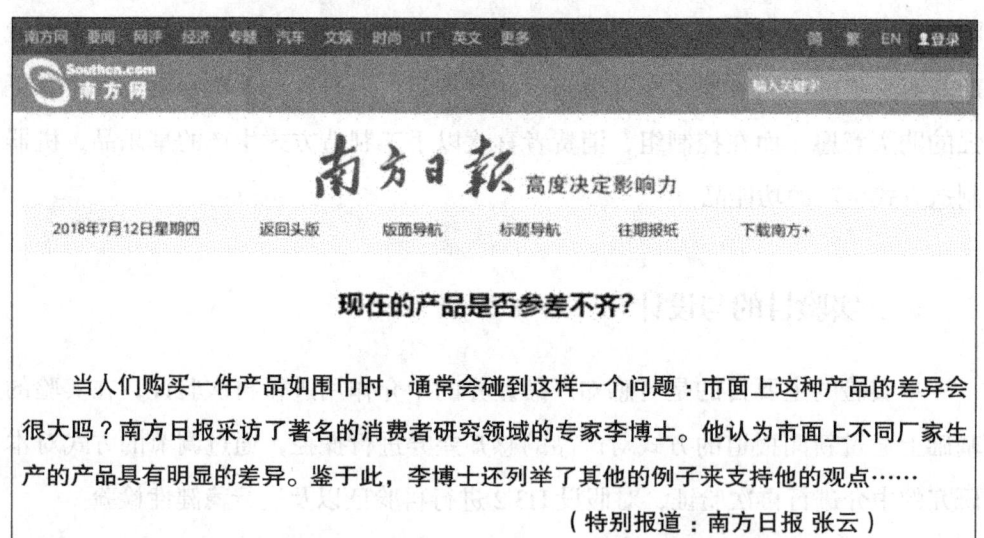

图4.4 实验三:新闻报道操控方式(感知产品差异增加组)
(本图是作者为研究而做的实验资料)

第四章 产品类别在制造方式对产品购买影响过程中的匹配机制

二、实验过程

实验被试为 431 名来自国内某大学的学生（平均年龄 21.45 岁，其中有 210 名女性），被试被随机分配到 12 个组中（11 名被试未完成全部实验，数据予以剔除）。被试被告知将会参加两个相互无关的任务。在第一个任务中，让被试阅读一段南方日报的新闻报道，来以此操控感知产品差异。随后让被试对一款围巾的产品购买作出评价，同时进行了操控检验。对被试对围巾的感知质量、是否包含爱等竞争性解释进行了测量。最后对人口统计学变量以及被试的情绪进行了测量。

三、实验结果

（1）操控检验。对感知产品差异的高、低进行操控检验，感知产品差异高的组被试感知到的产品差异（$M_{高} = 5.62$，$SD = 0.90$）高于感知产品差异低的组（$M_{低} = 3.22$，$SD = 0.69$），且差异显著（$F(1,278) = 627.92$，$p < 0.001$）。感知产品差异高的组的被试感知到的产品差异高于控制组（$M_{控制} = 3.87$，$SD = 0.65$），且差异显著（$F(1,278) = 348.43$，$p < 0.001$）。感知产品差异低的组（$M_{低} = 3.22$，$SD = 0.69$）的被试感知到的产品差异低于控制组（$M_{控制} = 3.87$，$SD = 0.65$），且差异显著（$F(1,278) = 66.35$，$p < 0.001$）。此外感知质量的组间差异不明显（$Fs < 1$），而在产品是否包含爱（contain love）方面，手工制造的产品相比机器制造的产品被认为包含了更多的爱，但两者之间的差异不显著（$M_{手工} = 4.62$，$SD = 2.16$，$M_{机器} = 4.11$，$SD = 1.58$，$F(1,418) = 3.77$，$p = 0.61$，边缘显著），可见在非送礼物情境中，消费者对于产品包含爱的感知没有那么强烈。个体变量和消费者情绪均未表现出组间差异（$Fs < 1$）。

（2）产品购买。实验结果表明，制造方式的主效应边缘显著（$F(1,408) = 3.57$，$p = 0.060$）；产品属性的主效应边缘显著（$F(1,408) = 3.61$，$p = 0.058$）；

感知产品差异的主效应显著（$F(2,408) = 21.05$，$p < 0.001$）；制造方式和产品属性的交互效应显著（$F(1,408) = 416.23$，$p < 0.001$）；制造方式和感知产品差异的交互效应显著（$F(2,408) = 121.49$，$p < 0.001$）；产品属性和感知产品差异的交互效应不显著（Fs < 1）；制造方式与产品属性以及感知产品差异三者的交互效应显著（$F(2,408) = 21.50$，$p < 0.001$）。为了更加清晰地展示研究的结果，分别呈现了高感知产品差异组、低感知产品差异组以及控制组在不同制造方式和产品属性组合下的产品购买。

1）高感知产品差异组。对于产品的购买而言，两因素被试间方差分析发现制造方式的主效应显著（$F(1,136) = 125.28$，$p < 0.001$）；产品属性的主效应不显著（$F(1,136) = 2.85$，$p = 0.094$）；制造方式和产品属性的交互效应显著（$F(1,136) = 84.96$，$p < 0.001$）。进一步的简单效应分析发现，当产品为享乐属性时，消费者更倾向购买手工制造的产品（$M_{手工-享乐} = 5.11$，SD = 0.71 vs $M_{机器-享乐} = 3.98$，SD = 0.95；$F(1,137) = 121.13$，$p < 0.001$）。当产品为功能属性时，消费者同样更倾向购买手工制造的产品（$M_{手工-功能} = 4.54$，SD = 1.14 vs $M_{机器-功能} = 4.02$，SD = 0.45；$F(1,137) = 3.99$，$p < 0.05$）。具体实验结果如图 4.5 所示。

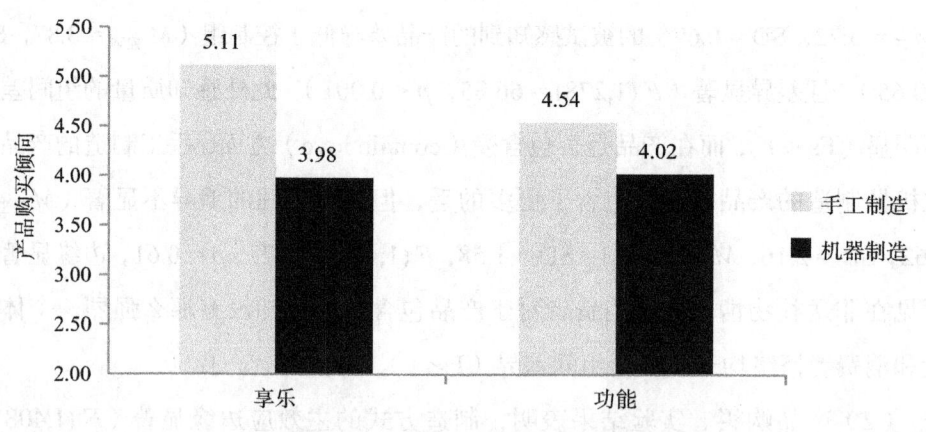

图 4.5 高感知产品差异组产品购买结果

第四章 产品类别在制造方式对产品购买影响过程中的匹配机制

2）低感知产品差异组。对于产品购买而言，制造方式的主效应显著（$F(1,136) = 112.23$，$p < 0.001$）；产品属性的主效应不显著（Fs < 1）；制造方式和产品属性的交互效应显著（$F(1,136) = 78.71$，$p < 0.001$）。进一步的简单效应分析发现，当产品为享乐属性时，消费者更倾向购买机器制造的产品（$M_{\text{手工－享乐}}$ = 4.01，SD = 0.94 vs $M_{\text{机器－享乐}}$ = 4.48，SD = 0.45；$F(1,136) = 3.91$，$p < 0.05$）；当产品为功能属性时，消费者更倾向购买机器制造的产品（$M_{\text{机器－功能}}$ = 5.01，SD = 0.71，$M_{\text{手工－功能}}$ = 3.73，SD = 0.65；$F(1,137) = 190.47$，$p < 0.001$），具体结果如图 4.6 所示。

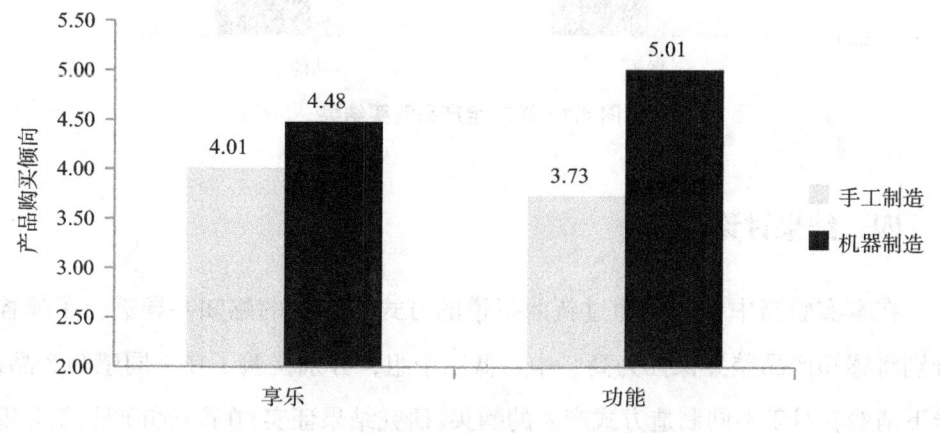

图 4.6 低感知产品差异组产品购买结果

3）控制组。对于产品购买而言，两因素被试间方差分析发现制造方式的主效应不显著（$F(1,136) = 1.20$，$p = 0.275$）；产品属性的主效应不显著（Fs < 1）；制造方式和产品属性的交互作用显著（$F(1,136) = 305.88$，$p < 0.001$）。进一步的简单效应分析发现，当产品为享乐属性时，相比机器制造而言，消费者更喜欢手工制造的产品（$M_{\text{手工－享乐}}$ = 4.56，SD = 0.39 vs $M_{\text{机器－享乐}}$ = 2.95，SD = 0.66，$F(1,137) = 172.73$，$p < 0.001$）；当产品为功能属性时，相比手工制造而言，消

费者更喜欢机器制造的产品（$M_{\text{手工-功能}} = 3.13$，SD = 0.56 vs $M_{\text{机器-功能}} = 4.55$，SD = 0.39，$F(1,137) = 134.38$，$p < 0.001$）。具体结果如图 4.7 所示。

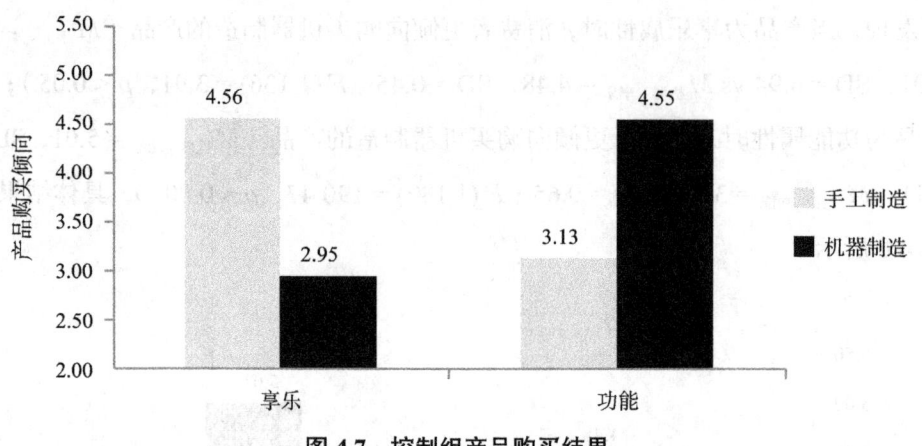

图 4.7　控制组产品购买结果

四、结果讨论

在本实验当中，研究通过新闻报道的方式对产品的感知差异进行了操控，分别将感知产品差异操控为高、中、低三个组，分别检验了在不同感知产品差异下消费者对于不同制造方式产品的购买。研究结果证实，在高感知产品差异组，无论是功能还是享乐，消费者都购买手工制造的产品；在低感知产品差异组，无论是功能还是享乐，消费者都购买机器制造的产品；在控制组当中则重复了之前研究的结论，即消费者购买手工制造的享乐品和机器制造的功能品。本实验从理论机制探讨稳健性的角度对感知产品差异进行了研究，对不同感知产品差异的作用机制进行深入探讨，从侧面对感知产品差异的解释机制进行了验证。在关于建立因果联系（causal chain）的研究中，如果变量的操控有切实有效的方法，实验设计要比简单的中介测量更加有效。

第四章 产品类别在制造方式对产品购买影响过程中的匹配机制

第五节 实验四：感知价格的边界作用机制

前述实验对制造方式和产品类别的匹配效应进行了检验，并在效应检验的基础上对匹配效应的内在解释机制进行了探索验证。此外，通过调节验证中介的方法，对感知产品差异的中介作用进行了验证。而在制造方式和产品类别匹配过程中，理论边界机制的探讨也极具理论意义和现实意义。通过前述相关理论文献梳理，本研究认为感知价格在制造方式和产品类别匹配对产品购买影响过程中具有边界作用机制。在本实验中，先通过预调研的形式确定产品的高、中、低价格，然后在不同的感知价格下对制造方式和产品类别的匹配对产品购买的影响进行探索验证。

一、实验目的与设计

本实验的主要目的是验证假设 H4.4a、假设 H4.4b、假设 H4.4c，即在低价格组，无论是享乐组和功能组，消费者都更加喜欢机器制造的产品（相比手工制造）；在中间价格组，消费者对于享乐型的产品更喜欢其以手工制造的方式生产，对于功能型的产品消费者更喜欢产品以机器的方式生产；在高价格组，无论是享乐组还是功能组，消费者都更喜欢产品以手工的方式生产。

实验四的实验刺激物为皮带（实验刺激物同本章实验一），具体的实验刺激物为通过 Photoshop CS 1.5 制作的关于皮带的海报。实验采用2(制造方式:手工,机器）×2（产品属性:享乐，功能）×3（感知价格:高，中，低）的组间设计。关于产品制造方式和产品价格的操控，在产品的描述当中直接给出产品的相关信息。而对于产品类别的操控，在享乐组产品被描述为"这款皮带设计时尚新颖，是您衣服的完美搭配"，而在功能组产品被描述为"这款皮带质量稳定，您可以天天系在身上，是您可靠的穿戴用具"。具体产品的不同描述如表4.3 所示。

表 4.3 实验四不同价格下的实验刺激物描述

手工享乐	这款皮带设计时尚新颖，是您衣服的完美搭配；这款皮带是手工制造的
手工功能	这款皮带质量稳定，您可以天天系在身上，是您可靠的穿戴用具；这款皮带是手工制造的
机器享乐	这款皮带设计时尚新颖，是您衣服的完美搭配；这款皮带是机器制造的
机器功能	这款皮带质量稳定，您可以天天系在身上，是您可靠的穿戴用具；这款皮带是机器制造的

二、实验过程

在正式进行实验之前进行了预调研，对样本所能承受的皮带的价格区间进行了测试，参与预调研的被试为 30 人，测出了样本心理预期的高、中、低不同水平皮带的价格〔根据调研的数据的最大值、最小值和中位数（且价格较多集中于中位数）确定三个价格水平〕。据此研究将正式实验中高、中、低三组中皮带的价格设置为 299 元、99 元、39 元。

实验的被试为来自国内某大学的学生 495 人（其中有 261 名女性，平均年龄 21.58 岁）。被试采取随机招募的方式确定（15 人未完成全部实验，数据予以剔除）。本实验共分为 12 个组，每组 40 个被试。被试被告知他们将会对一款皮带的产品购买进行评价。首先，向被试呈现一张关于皮带的海报，海报中对皮带的一些细节进行了介绍（主要是对产品的制造方式、购买属性以及价格进行了说明）。价格被操控为高、中、低三组。之后为了确定被试对海报的信息有充分的了解，让被试用几句话描述海报中的信息。之后对感知产品差异进行了测量，同时对产品感知质量以及被试购买时的心情做了测量。最后让被试填写了人口统计学信息。

三、实验结果

价格（高，中，低）、产品类别（享乐，功能）与制造方式（手工，机器）的

第四章 产品类别在制造方式对产品购买影响过程中的匹配机制

主效应均显著,三者分别为:$F(2,468) = 149.35$,$p < 0.001$;$F(1,468) = 5.11$,$p < 0.05$;$F(1,468) = 11.83$,$p < 0.05$。价格和产品属性的交互作用不显著,$Fs < 1$,$p = 0.17$;价格和制造方式的交互作用显著,$F(2,468) = 14.93$,$p < 0.001$;产品属性和制造方式的交互作用显著,$F(1,468) = 21.34$,$p < 0.001$。更重要的是,价格、产品属性与制造方式三者之间的三重交互作用显著,$F(2,468) = 13.80$,$p < 0.001$。为了进一步探究制造方式与产品属性对于产品购买的影响,本研究进行了分类阐述。

(1)高价格组。对于产品的购买影响而言,两因素被试间方差分析制造方式的主效应显著($F(1,156) = 63.11$,$p < 0.001$),产品属性的主效应边缘显著($F(1,156) = 3.79$,$p = 0.055$),制造方式与产品属性的交互作用显著($F(1,156) = 32.54$,$p < 0.001$)。进一步的简单效应分析发现,当产品为享乐属性时,消费者更倾向购买手工制造的产品,相比机器制造而言($M_{享乐-手工} = 4.34$,$SD = 0.40$ vs $M_{享乐-机器} = 3.50$,$SD = 1.08$;$F(1,158) = 10.31$,$p < 0.001$)。当产品为功能属性的时候,消费者同样更倾向购买手工制造的产品($M_{功能-手工} = 4.07$,$SD = 0.56$ vs $M_{功能-机器} = 3.44$,$SD = 0.68$;$F(1,158) = 6.21$,$p < 0.005$)。具体结果如图4.8所示。假设H4.4a得到验证。

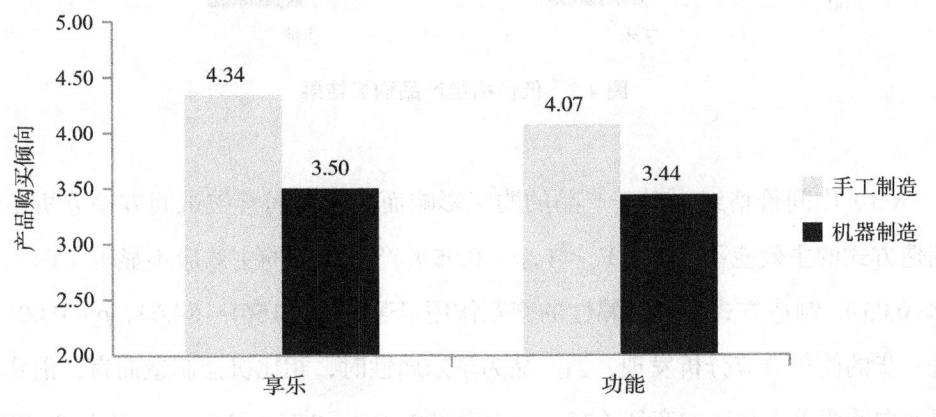

图4.8 高价格组产品购买结果

（2）低价格组。对于产品的购买影响而言，两因素被试间方差分析发现制造方式的主效应不显著（Fs < 1，$p > 0.05$），产品属性的主效应不显著（Fs < 1，$p > 0.05$），制造方式和产品属性的交互作用显著（$F(1,156) = 3.88$，$p < 0.05$）。进一步的简单效应分析发现，当产品为享乐属性时，相比手工制造（$M_{享乐-手工}$ = 2.82，SD = 0.72），消费者更倾向购买机器制造的产品（$M_{享乐-机器}$ = 3.41，SD = 0.66），且两者之间的差异显著（$F(1,156) = 4.11$，$p < 0.05$）；当产品为功能属性时，相比手工制造（$M_{功能-手工}$ = 2.87，SD = 0.92），消费者更倾向购买机器制造的产品（$M_{功能-机器}$ = 3.51，SD = 0.54），且两者之间的差异显著（$F(1,156) = 5.22$，$p < 0.05$）。结果如图 4.9 所示。假设 H4b 得到验证。

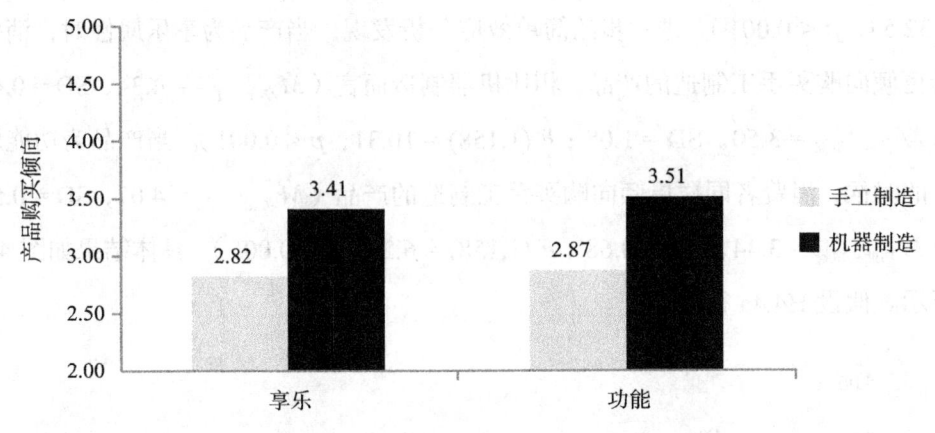

图 4.9　低价格组产品购买结果

（3）中间价格组。对于产品的购买影响而言，两因素被试间方差分析发现制造方式的主效应不显著（Fs < 1，$p > 0.05$），产品属性的主效应不显著（Fs < 1，$p > 0.05$），制造方式和产品属性的交互作用显著（$F(1,156) = 84.64$，$p < 0.001$）。进一步的简单效应分析发现，当产品为享乐属性时，相比机器制造而言，消费者更倾向购买手工制造的产品（$M_{享乐-手工}$ = 4.90，SD = 0.36 vs $M_{享乐-机器}$ = 4.18，SD =

0.40；$F(1,157) = 36.02$，$p < 0.001$）。当产品为功能属性的时候，相比手工制造而言，消费者更倾向购买机器制造的产品（$M_{功能-手工} = 4.23$，SD = 0.74 vs $M_{功能-机器} = 4.98$，SD = 0.40；$F(1,157) = 51.87$，$p < 0.001$）。结果如图4.10所示。假设H4c得到验证。

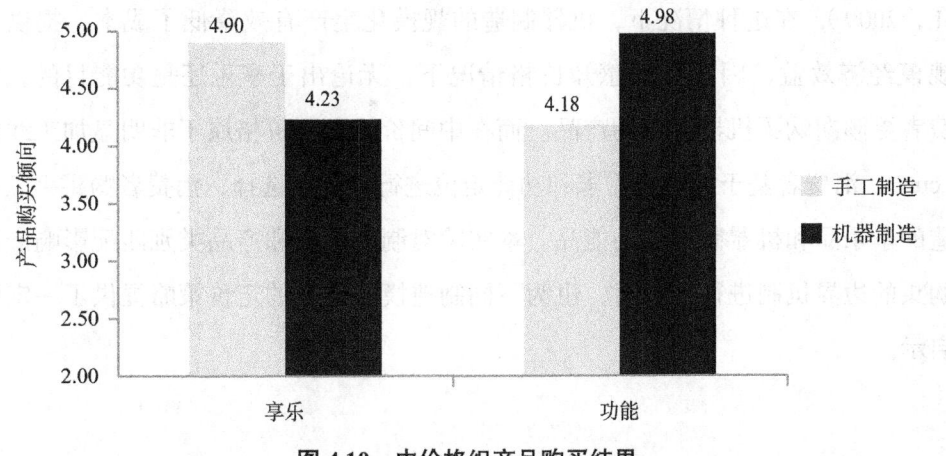

图4.10 中价格组产品购买结果

（4）感知质量和其他变量的影响。感知质量在不同制造方式之间无显著差异（Fs<1），而在不同价格中，高感知价格组产品的感知质量高于中间价格组，且两者之间的差异显著（$M_{高} = 5.47$，SD = 0.71，$M_{中} = 4.52$，SD = 0.89，$F(1,318) = 11.29$，$p < 0.001$）；高感知价格组产品的感知质量高于低感知价格组（$M_{中} = 4.52$，SD = 0.89，$M_{低} = 3.70$，SD = 0.71，$F(1,318) = 9.55$，$p < 0.01$）。这与以往研究中关于价格质量推断等的研究是一致的（Yang et al., 2019；Yan et al., 2011）。被试的情绪在各个组间未表现出显著差异（Fs < 1）。

四、结果讨论

在本实验当中，研究对不同感知价格在制造方式和产品类别匹配对产品购买影响过程中的边界作用机制。在高感知价格组,消费者经常将产品与独特性等相关元素进行联系(Bhaduri et al.,2016),追求差异化和独特性,因此无论出于功能还是享乐目的都选择购买手工制造的产品,这为手工制造产品的定价机制也带来一定的启示。而对于低感知价格的产品,消费者追求一致性和产品制式的恒定,在价格较低的情况下,产品首先要满足基本功能要求(Bertini et al.,2009),在这种情况下,机器制造的规模化生产有效降低了成本,提供了规模经济效益,因此在低感知价格情况下,无论出于享乐还是功能目的,消费者更倾向购买机器制造的产品。而在中间价格组,价格属于非明显加工线索(cue),消费者基于产品的需求和功能定位进行产品的选择,消费者购买手工制造的享乐品和机器制造的功能品。本实验对制造方式和产品类别匹配影响产品购买的边界机制进行了探讨,也为不同制造模式产品的定价策略提供了一定的启示。

第六节 实验五:基于大数据的建模与实证检验

本研究不仅对制造方式产品类别的匹配效应进行了检验,而且对匹配效应背后的理论机制进行探讨。同时用调节验证中介的方式,对感知产品差异的中介作用进行了再次验证。并对本研究的理论边界机制——感知价格的作用进行了相应的探讨,为了扩充理论的外部效度,在本实验当中基于大数据建模和分析的方式对本研究的主要结论进行了验证。本实验中基于 Etsy 对本研究的理论框架进行了大数据验证。在产品为纯手工制造的情况下,如果产品的描述中包含了较多的享乐性描述(vs 功能性描述),产品被喜欢的程度越高(favorited by)。Etsy 对每一个产品都进行了较为详细的描述,包括产品的材料、质地、可能的用途。

第四章 产品类别在制造方式对产品购买影响过程中的匹配机制

一、数据获取

通过 Python 3.0 抓取了 Etsy 网站第一个大类 Jewelry & Accessories 下面 Hats & Caps 的数据 13 618 条，对数据进行筛选清洗，获得 12 029 条记录数据。对于单个产品抓取的数据包括产品描述（description）、被多少人喜欢（favorite by）、评论反馈数（feedback number）、产品材料（material）、产品名称（product name）、产品价格（product price）、产品链接（product url）、店铺名字（shop name）、店铺链接（shop url）、店铺上线时间（shop online time）以及店铺的销量（shop volumn），产品参数如图 4.11 所示。由于店铺销量是店铺中多个产品的共同销量，因此以被多少人喜欢（favorited by）作为分析的因变量。

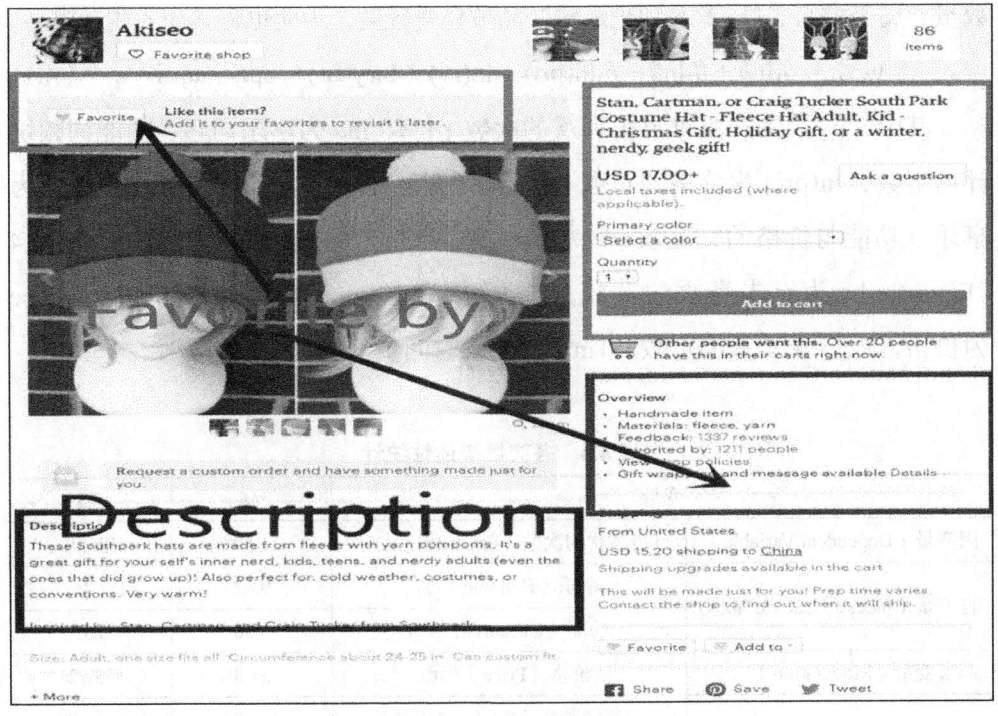

图 4.11 数据获取网站概要

资料来源：www.Etsy.com。

二、数据编码

本研究在 LIWC 的基础上通过人工独立编码的程序对享乐、功能进行了词典构建。对于享乐、功能的编码采用交叉机制,由 4 个人独立完成,从 12 029 条记录中随机抓取 1300 条(大于 10%),进行人工编码,直到无新词出现为止。利用 Python 3.0 split 功能基于扩展的 LIWC 对产品描述进行文本分析,分离出享乐词汇及功能词汇,计算出享乐词汇和功能词汇在整个商品描述中的词频以及比例。

三、分析策略

基于前述分析,外部因素(店铺在 Etsy 上线的时间)会影响产品被喜欢数量,属于控制变量;产品评论影响产品被喜爱程度,为此也将其加入测量模型。

$$y_{\text{fav-by}} = \beta_1 \ln h + \beta_2 \ln u + \beta_3 \ln(\text{pri}) + \ln(\text{rv}) + \ln(\text{year}) + \text{hpri} + \text{upri} + \varepsilon \quad (4.1)$$

其中,$y_{\text{fav-by}}$ 为产品被点击喜欢的次数;$\ln h$、$\ln u$ 为享乐词频、功能词频统计的对数,$\ln(\text{pri})$ 为价格的对数;$\ln(\text{rv})$ 为产品评论数的对数;hpri、upri 为享乐、功能与价格的交互项;ε 为常数项。各变量的描述性统计结果见表 4.4(Favortie by 为点击喜欢的次数,Hedonic 为享乐,Utilitarian 为功能,Price 为价格,Review 为被浏览数,Time 为上架时间)。

表 4.4 各变量描述性统计

变量		M	SD
因变量(Dependent Variable)	点击喜欢的次数(Favorite by)/次	110.98	496.07
自变量(Independent Variable)	享乐(Hedonic)/%	9.67	6.86
	功能(Utilitarian)/%	3.86	6.55
调节变量(Moderation)	价格(Price)/元	31.3	25.72
控制变量(Control Variable)	被浏览数(Review)/次	485.72	1253.92
	上架时间(Time)/天	4.78	2.84

四、结果分析

采用 Stata 14.0 对获得的数据进行负二项回归,将享乐词频、功能词频、价格以及评论数分别取对数,以产品被喜欢的数量为因变量进行回归,得到如下结果:

$$y_{\text{fav-by}} = 0.031 \ln h - 0.078 \ln u + 0.194 \ln pri + 0.141 \text{ rv} - 0.592 \tag{4.2}$$

同时为了再次验证实验四中价格的边界作用机制,本实验对价格与两个主要自变量进行了交互带入回归,得到如下结果:

$$y_{\text{fav-by}} = 0.047 \ln h - 0.069 \ln u + 0.188 \ln(\text{pri}) + 0.134 \ln(\text{rv}) + 0.093 \ln(\text{year}) + \\ 0.051 \text{ hpri} + 0.100 \text{ upri} - 0.498 \tag{4.3}$$

本实验的结果表明,在手工产品的介绍当中,产品描述中享乐词汇的词频与产品被喜爱程度呈正相关(0.0308^{***};0.0470^{***};0.116^{***}),功能词汇的词频与产品被喜爱程度呈负相关(-0.0779^{***};-0.0689^{***};-0.392^{***})(Model1 为总模型、Model2 加入了价格以及价格和不同属性描述的交互项、Model4 为价格分组后的中间价格组)。Model2 的结果表明价格与享乐/功能的描述交互项均显著,价格的调节作用存在。当产品价格较低时,享乐描述对于产品被喜爱程度的效应消失(0.725 不显著),享乐描述和价格的交互项也不在显著,功能描述对于产品被喜爱程度的影响变强(-0.919^{***})(Model3 为低价格组)。当产品价格较高时,享乐描述对于产品被喜爱程度的影响变强(0.945^{***}),而功能描述对于产品被喜爱的程度的影响消失(-0.157 不显著),功能描述和价格的交互项也不再显著(Model5 为高价格组),验证了价格的边界调节机制。再次验证了本研究中实验一和实验四的结论。具体结果见表 4.5。

表 4.5 不同条件下的回归结果

变量	Model 1 lnfa	Model 2 lnfa	Model 3 lnfa（−1SD）	Model 4 lnfa（M）	Model 5 lnfa（+1SD）
ln$h$（IV）	0.030 8**	0.047 0***	0.725	0.116***	0.945***
	（0.013 1）	（0.013 5）	（0.447）	（0.064 5）	（0.240）
ln$u$（IV）	−0.077 9***	−0.068 9***	−0.919***	−0.392***	−0.157
	（0.007 87）	（0.008 06）	（0.253）	（0.036 1）	（0.147）
ln(pri)（Mo）	0.194***	0.188***	0.555**	0.693***	3.026***
	（0.009 31）	（0.009 27）	（0.262）	（0.035 5）	（0.340）
ln(year)（CV）	0.069 3***	0.135***	0.124***	0.092 7***	0.108
	（0.012 5）	（0.004 03）	（0.041 7）	（0.012 7）	（0.083 7）
ln(rv)（CV）	0.141***	0.092 7***	0.128***	0.135***	0.137***
	（0.003 98）	（0.012 7）	（0.013 9）	（0.004 03）	（0.028 2）
pu_pri（Interac）		0.100***	0.196***	0.100***	−0.085 2
		（0.010 6）	（0.054 2）	（0.010 6）	（0.102）
ph_pri（Interac）		0.050 7***	−0.149	0.050 7***	1.139***
		（0.018 9）	（0.097 2）	（0.018 9）	（0.170）
Constant	−0.592***	−0.498***	−2.066*	−2.122***	−4.854***
	（0.043 7）	（0.047 3）	（1.215）	（0.117）	（0.442）
Observations	11 284	11 284	831	11 284	369

* 代表 $p<0.05$，** 代表 $p<0.01$，*** 代表 $p<0.001$。

五、结果讨论

在本实验中，研究基于从 Etsy 获得数据对本研究的主要结论进行了探索验证。基于对 12 029 个商品的产品描述、被多少人喜欢、评论反馈数、产品材料、产品名称、产品价格、产品链接、店铺名字、店铺链接、店铺上线时间和店铺销量等数据的分析，构建本研究的估计模型。对产品描述的享乐词频和功能词频进行编码，对价格、功能、享乐以及价格和功能的交互项、价格和享乐的交

第四章 产品类别在制造方式对产品购买影响过程中的匹配机制

互项进行负二项回归，研究结果证实在手工制造的大背景下（因为平台为主要出售手工制品的平台），在关于产品的描述和介绍当中，享乐性的词频越高，消费者对于产品的喜爱程度越高，功能性的描述在这个过程中具有负向作用，对于手工制造的产品而言，功能性的描述反而会降低消费者的喜爱程度。而在加入了价格的影响之后（本研究采用通过的 +1SD 和 –1SD 的方式对价格进行分组），对于高价格组来说享乐性的描述对于产品的影响增强，对于低价格组来说，功能性的描述更重要，而在中间价格组则重复了之前研究的结论。为此，本实验基于网络平台的数据对本研究的匹配效应和价格的边界作用机制进行了验证，拓展了理论的外部效度与实验意义。

第七节 本章小结

在本章中，通过四个实验室实验和一个大数据实验的方式对制造方式对产品购买影响的调节作用和边界机制进行了探讨。在调研和文献梳理的基础上，研究认为产品类别在制造方式对产品购买影响过程中具有调节作用（匹配机制是调节作用的一种方式），在本章中研究对制造方式和产品类别的匹配效应进行了探索验证。并对匹配效应背后的理论机制进行了探索，检验了感知产品差异在这个过程中的作用机制。为了验证理论机制的稳健性，实验三通过操控中介的方式再次对研究的理论机制进行了验证。此外，还对制造方式对产品购买影响过程中，价格的边界机制进行了探索验证。最后，基于网络爬虫技术从 Etsy 获得数据构建回归模型，对本章实验一和实验四的结论进行了基于大数据的验证，丰富了制造方式对产品购买影响的相关理论机制，并明确了制造方式对产品购买影响过程的边界机制。

实验一通过组间选择（between-subject choice）的方式对制造方式和产品类别的匹配效应进行了探索验证，研究发现对于享乐品消费者更希望其以手工的方式进行制造，对于功能品消费者更喜欢其以机器的方式进行制造。为了保证研究的严谨性，在系列实验当中，研究将同一种产品操控为功能和享乐两种不同的用途，这与达尔等（Dhar et al.，2000）以及怀特利等（Whitely et al.，2018）众多关于产品类别的研究中的实验方法是一致的。为了研究结论的可靠性，对香皂、手提包、围巾和皮带四个刺激物进行了实验，同时为了避免选择序列效应的出现，对刺激物的测量顺序也进行了设计，并对假设H4.1、假设H4.2进行了验证。

在实验二中，研究通过实验室实验的方法对制造方式和产品类别匹配背后的理论机制进行了验证，检验了感知产品差异（perceived product variance）在这个过程中的中介作用。在第三章中对制造方式的主效应进行了验证，并基于努力启发式和感知独特性价值对手工制造的积极效应进行了解读。但在加入产品类别的影响之后，基于匹配效应的研究，制造方式和产品类别会共同影响产品的感知差异，对匹配效应起到了中介作用。

在实验三中，研究采用操控中介的方式再次对感知产品差异的作用进行了验证。关于差异性的操控，有研究者将产品操控为高感知产品差异组、低感知产品差异组和控制组（Yang et al.，2019）。在不同的感知差异组对制造方式和产品类别的匹配效应对产品购买的影响进行了探索验证。研究发现，在高感知产品差异组，无论功能还是享乐，消费者都购买手工制造的产品；在低感知差异组，无论功能还是享乐，消费者都购买机器制造的产品；在控制组当中，消费者购买手工制造的享乐品和机器制造的功能品，重复了之前实验二的结论。实验通过调节中介机制，对本书提出的理论解读机制的稳健性进行了相关检验。

在实验四中，研究对制造方式和产品类别匹配对产品购买影响过程的边界作用机制进行了探讨。价格作为产品购买最为重要的影响因素，在内化为感知价格之后对个体的产品购买决策和相关行为具有重要影响。本研究基于理论梳理和文献推导的基础上，对感知价格的边界作用机制进行了实证检验，丰富了

第四章 产品类别在制造方式对产品购买影响过程中的匹配机制

理论的相关内容与边界。研究结果证实,在高感知价格组,无论功能还是享乐消费者都更倾向购买手工制造的产品;在低感知价格组,无论功能还是享乐消费者都更倾向购买机器制造的产品;而在中间价格组,消费者购买手工制造的享乐品和机器制造的功能品。研究理论机制边界的探索对于明确理论的适用范围具有重要的作用,同时对于不同制造方式产品的定价策略具有指导意义。

实验五则通过网络爬虫的技术,从全球最大的手工制造平台 Esty 获得了关于产品的一系列数据,并构建相关的回归模型。对产品描述中所包含的不同类型词语的词频进行分析,对本研究实验一和实验四的结论进行验证。研究结果证实,对手工制造产品而言,产品描述中包含的享乐性描述越多,消费者对于产品的评价越积极,功能性描述存在负面影响作用。此外,实验还检验了价格的边界作用。在高价格组,享乐性描述的影响作用加强,功能性描述的作用不在显著;在低价格组,功能性描述的作用加强,而享乐性描述的作用不在显著,再次对实验四的结论进行了基于网络数据的验证。大数据建模的方式弥补了实验室实验外部效度的短板,更加有力地对本研究的假设和模型进行了检验。综上,在本章中,研究通过实验室实验和大数据分析的方式,对制造方式影响产品购买过程中的调节作用和边界机制作用进行了验证,丰富了制造方式影响个体产品采用和行为的相关理论内核与边界。在后续的章节中,本书将针对制造方式影响个体购买的理论外延——真实性和文化相关内容进行探索验证。

第五章

真实性和文化兴趣在制造方式影响产品购买中的作用机制

第五章 真实性和文化兴趣在制造方式影响产品购买中的作用机制

在第三章中本书基于努力启发式对不同制造方式对产品购买影响过程中的内在机制进行了探索验证,验证了努力启发式和感知独特性价值在这个过程中的中介作用机制。第四章对不同制造方式影响消费者产品购买的调节作用和边界机制进行了探索,检验了产品类别的调节匹配效应以及价格的边界机制条件。按照理论核心—理论边界—理论外延的研究思路和指导框架,本章基于真实性相关理论和文化相关内容,对制造方式影响产品购买的理论外延(文化相关影响)进行了探索验证,并检验了地理空间距离(spatial distance)在这个过程中的调节作用。手工制造产品本身是基于人类劳动的定制化(human labor customized)和文化创意产品(cultural ideal products)(Di et al., 2014)。因此,有必要对制造方式的理论外延——文化进行相关理论论证,并基于真实性相关理论构建本研究的相关结构模型,完善制造方式对消费者行为决策和影响的相关研究。

第一节 理论分析与假设提出

在制造方式对产品购买的影响过程中,特别是手工制造产品对消费者的产品购买影响过程中,真实性相关理论和文化因素是重要的解读机制。随着机械智能化制造的高度发展,人在产品制造过程中的作用被简化,个体只参与到产品制造的几个过程,甚至完全不需要人的参与(Postman, 2011; Markoff, 2012),以至于个体在生活中缺少了真实感。过度的智能化发展甚至无处不在的技术产品会改变个体的认知和情绪,也会给个体在心理和情绪上带来压力,并带来了关于技术悖论的思考(Mick et al., 1988)。针对技术发展所带来的压力,个体会有不同的压力应对策略(coping strategies),包括购买之前的应对和回避策略以及消费的应对和回避策略,其中包括启发式购买和对于产品的处置与使用(Folkman et al., 1984; Mick et al., 1988)。市场上同时存在对技术恐惧和对技术狂热的思潮,应该制定单独针对狂热者和非狂热者,并且更多地以顾客为导向的策略,应重点关注技术狂热者的兴趣分布及范围(Higgins et al., 1992)。技术的快速发展也导致了消费者自我概念的缺失,而根据产品象征主义(product symbolism)的理论,自我概念缺失会导致个体对可以反映自我意识和地位产品的需求与购买(Sirgy, 1982)。

消费者自我概念的缺失和后现代主义文化(Post-modern consumer culture)的兴起都激发了个体对于真实性的诉求、对于自我确证行为的需要(Reed et al., 2012; Leung et al., 2018)。在后现代主义的消费中,消费者对于产品的消费不仅是关注产品本身的属性,还涉及产品所包含的社会意义(social meaning),并且人们开始对技术能使人类不断进步的理论产生怀疑。后现代时代,信仰是极化的而文化更加具有分散性(Hicks, 2004)。在现代主义中,理性是其主要特征,营销实践是基于识别和满足消费者的需求;而在后现代主义中,生活方式和社区之间的影响也要加入决策范围。菲拉特等(Firat et al., 1993)将后现代主义的文化归纳为5个特点:超真实(hyper-reality)、破碎化(fragmentation)、生产和消费的逆转(reversal of production and consumption)、并列的对立(juxtaposition of opposites)和主体的分解(decentering of the subject)。对于文化的理解与建构,真实性是重要的影响因素,如科济涅茨(Kozinets, 2001)对于《星际迷航》亚文化的研究和罗斯等(Rose et al., 2005)关于电视真人秀的研究都发现,消费者在消费过程中都形成和创造了一种超真实(hyper-reality)。在后现代社会中,产品更多地成了社会的本质,而消费者也试图去复制和改变产品所定义的形象(Di et al., 2014)。而有学者对后代社会的文化特征进行了检验,并对后现代社会消费的个体进行了分析(Hamouda, 2012),包括物质主义(materialism)、社会赞许(social desirability)、控制点(locus of control)和社会身份(social identity)。物质主义包含消费者的占有欲、对他人的嫉妒以及消费者慷慨;社会赞许包括消费者的自我欺骗和印象管理;控制点包括消费者的内部

第五章 真实性和文化兴趣在制造方式影响产品购买中的作用机制

控制,对他人的控制和机会控制;社会身份包括群际关系、认知中心和情感认同。

消费者的购买表达了各种形式的意义和个人价值,在一些能够表明自我身份定位和归属的活动中,如厨艺、钓鱼、骑行等,消费者更愿意亲自参与、自己操作(Leung et al.,2018)。消费者的产品选择行为和消费活动甚至反映了一种微小的文化价值系统(Thompson et al.,2002)。大众化的产品对于创造性和个体性都存在一定的威胁,这使得DIY、宜家(IKEA)效应、消费者参与价值创造活动(co-creation)、消费者参与到产品的设计与制作(I designed it myself)受到消费者的普遍欢迎。消费者对于手工制造的产品也产生了更多的兴趣,因为产品是被人所创造的,富含了人的情感。

此外,关于产品和拥有物的研究中发现,产品不仅提供功能和满足需求,更可能是自我的一种延伸(extended self)(Belk,1988)。对于一些产品,消费者从中获得的使用价值是比较低的,但他依然会购买,是因为产品具有象征价值(signifying value)。有研究者采用产品本质分析(essence analysis of products)的三个步骤对消费者对产品的理解进行了解构:在第一阶段,消费者依靠个人兴趣和购买经验对产品形成第一印象(first sight impression),第一阶段的决策往往是情绪主导;第二阶段为产品的购买决策阶段,消费者会根据产品的真实物理信息对产品进行评价,如产品的制造模式、制造商、原材料和产品功能;在第三阶段,消费者基于第一阶段的第一印象和第二阶段的产品客观信息,会对产品的象征价值以及相关的历史(history)和文化(culture)进行理解,并赋予产品以意义(Luutonen,2008)。在后现代主义消费文化中,消费者对于手工制造的产品青睐度更高,消费者对产品的消费更多的是对于产品背后意义的理解和自我身份的表达。综上,提出了假设H5.1:

H5.1:后现代消费者文化中,消费者对于手工制造(vs机器制造)的产品具有更高的产品购买意愿。

消费者对于真实性的需求引发了对于不同制造方式产品的购买。真实性对于消费者对产品的信任是非常重要的。消费者认为手工制造的产品不仅是基于人类劳动的定制化产品而且是一个具有文化意识和理想的产品。手工制造的产品包含了制造者本身的劳动,也和制造者本身的社会定位有联系(Featherstone,1991)。消费者不仅是消费产品,而是消费产品的意义,或者是产品背后的文化。

手工制造的产品是由制造者亲自参与设计和生产,制造者的"人的非物质品质"本质可以通过物理接触转移到产品当中,这些都会影响消费者对于价值的判断和感知(Newman et al.,2012)。而手工制造被认为更多地包含了人的情感在产品当中,如爱(Fuchs et al.,2015)、记忆(Luutonen,2008)、人的存在和情感附着(Schroll et al.,2018)。一个人从某种产品的消费中获得怀旧情绪不一定会产生真实感,真实感取决于产品制造的方式以及消费者对这些产品的认同方式(Sinclair,2003)。也有研究认为手工工艺作为艺术的一种具有真实传承的重要作用(Fine,2003)。

真实性起源于希腊语 authente,原意为"某人亲手制作",其在概念上就与手工制造存在一定的联系。真实性虽然是一个起源于哲学和美学的概念,但对于音乐的理解和创造(Baker et al.,2007)、品牌资产的建立都有重要的影响(Schallehn et al.,2014;Morhart et al.,2015)。真实性的构建对于亚文化建立和传播具有重要影响,如对于《星级迷航》和 MG(一个汽车品牌)交流群体亚文化的建立和探讨(Kozinets,2001;Leigh et al.,2006)。可见,真实性对于吸引消费者对于文化的理解和兴趣具有重要的作用。

根据不同的研究情境和需要将真实性划分为不同的维度,如格雷森等(Grayson et al.,2004)根据符号学理论将真实性分为指号性真实和符号性真实;有研究将真实性分为纯真实、近似真实和道德真实三个维度,并对啤酒的真实性进行了分析(Beverland et al.,2008)。在制造方式对产品购买影响过程中,研究基于研究情境和研究需要参考徐伟等(2015)的研究将真实性划分为原真实、建构真实和自我真实,并基于概念进行了量表的调整。因为手工制造是集中于

第五章　真实性和文化兴趣在制造方式影响产品购买中的作用机制

某一个地域的生产形式，而且具有历史文化背景，甚至具有某种经营的特许性，是局部文化的表征，因此本研究认为手工制造通过真实性的原真实、建构真实和自我真实三个维度影响消费者的文化兴趣，并对消费者产品购买意愿产生影响。据此，提出假设H5.2：

H5.2：手工制造（vs机器制造）会有更高的真实性和文化兴趣，进而导致更高的产品购买：

H5.2a：手工制造通过原真实影响文化兴趣进而提高消费者的产品购买意愿；

H5.2b：手工制造通过建构真实影响文化兴趣进而提高消费者的产品购买意愿；

H5.2c：手工制造通过自我真实影响文化兴趣进而提高消费者的产品购买意愿。

对于产品所包含的文化感知有一个重要的物理影响因素即空间距离（spatial distance）。而这也是目前对于局部文化和全球文化进行概念划分的一个重要维度。关于全球文化和局部文化的研究发现，对于一些高科技的产品适合采用全球消费者文化定位（GCCP），手工制造所代表的文化更多的是一种局部文化定位（LCCP）（Alden et al., 1999）。而在局部的文化中，价格对于质量推断的作用更加重要（Yang et al., 2019），侧面验证了价格对于制造方式影响产品购买的边界机制。

关于文化兴趣的研究发现，远距离的旅游主要是由旅游者的文化兴趣所驱动的（Zbuchea, 2012）。文化兴趣可以有效降低群体偏见、降低损失厌恶，增加个人通过产品或服务所获得的快乐（Nicolau, 2001）。关于地理空间距离对文化感知的影响作用，相关研究对空间距离对旅游目的地文化差异认知的影响进行了检验，研究结果证实远的空间距离会激发个体更高的文化兴趣（钱晓慧，2008）。在本研究中，我们认为远的空间距离会增强消费者对于标的物的文化兴趣，进而增加产品购买。据此，提出假设H5.3：

H5.3：地理空间距离在制造方式对产品购买影响过程中具有调节作用，远的地理空间距离（vs 近的空间距离）会增强消费者的文化兴趣，进而提高产品购买。

本研究的结构框架如图 5.1 所示。

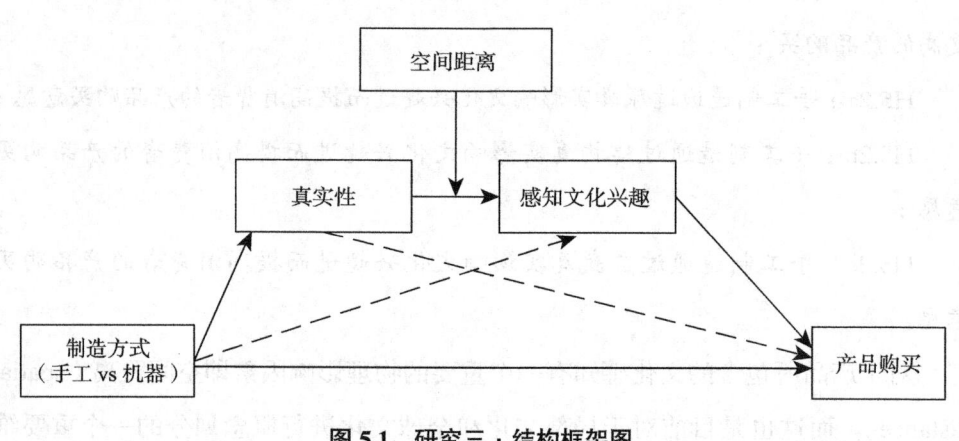

图 5.1　研究三：结构框架图

第二节　实验一：文化背景下制造方式的主效应检验

本研究通过三个递进的实验对制造方式通过真实性相关理论影响感知文化兴趣，进而对消费者的产品购买产生影响进行验证。在后现代消费情境中，机器制造智能化的高度发达，简化了人在产品制造过程中的作用，人在产品制造过程中的作用被边缘化，这妨害了个体的自主性和存在感，激发了个体对于产品真实性的诉求。在本实验当中，研究对在后现代消费主义文化背景下，制造方式的主效应进行了检验，即消费者对于手工制造的产品购买意愿更高。同时，在被试进行完正式实验之后，研究者针对部分被试进行了质性访谈，为后续理论机制的探讨提供基础。

第五章 真实性和文化兴趣在制造方式影响产品购买中的作用机制

一、实验目的与设计

本实验的主要目的是对本研究的假设 H5.1 进行验证，即后现代消费者文化中，消费者对于手工制造（vs 机器制造）的产品具有更高的产品购买意愿。本实验基于不同的实验刺激物对本书第三章制造方式对产品购买的主效应进行再次验证，并为后续理论机制的探讨提供基础。

本研究的实验刺激物为签字笔和书架（图 5.2），实验采用 2（制造方式：手工 vs 机器；组间设计）×2（产品种类：签字笔 vs 书架；组内设计）混合实验设计。将产品分别操控为手工和机器两种不同的制造方式，鉴于本书第三章已经对无制造信息组进行了检验，本研究只保留了手工制造和机器制造两个组，机器制造作为对照组。关于制造方式的操控直接在产品描述中给出产品的制造信息。

图 5.2　实验一：实验刺激物

二、实验过程

在某在线调研平台随机招募了 107 名被试（平均年龄 28.16 岁，其中男性 57 名，女性 50 名），有 7 名被试未完成调研问卷的填写，实验数据予以剔除，实验结束获得一定的报酬。被试被随机地分配到两个组中，被告知将会对一款签字笔和一款书架的产品购买进行评价。实验中向被试展示了实验刺激物的彩色图片，以及关于产品的一些其他介绍信息，如材质等。之后对被试的产品购买进行了测量（产品购买的测量参考第四章实验二）。此外，研究还测量了被试对于产品的感知质量，并对被试的情绪以及过去是否使用过类似这款签字笔进行了测量。

三、实验结果

（1）产品购买。对于签字笔而言，制造方式对产品购买的主效应显著，消费者对于手工制造签字笔的购买意愿（$M_{手工}$ = 4.81，SD = 0.77）高于机器制造签字笔的购买意愿（$M_{机器}$ = 3.90，SD = 1.13），且两者间的差异显著（$F(1,98)$ = 12.16，p < 0.001）；对于书架而言，制造方式对产品购买的主效应显著，消费者对于手工制造书架的购买意愿（$M_{手工}$ = 4.95，SD = 0.97）高于机器制造书架的购买意愿（$M_{机器}$ = 4.02，SD = 1.25），且两者之间的差异显著（$F(1,98)$ = 8.55，p < 0.01）。具体结果如图 5.3 所示。为了简洁直观，研究将两种刺激物的图片进行了合并呈现。研究有力地证明了制造方式的主效应［或：手工制造的积极效应（the positive effect of handmade）］的存在，即将产品以手工制造（vs 机器制造）的方式呈现会获得消费者更多的选择和购买。

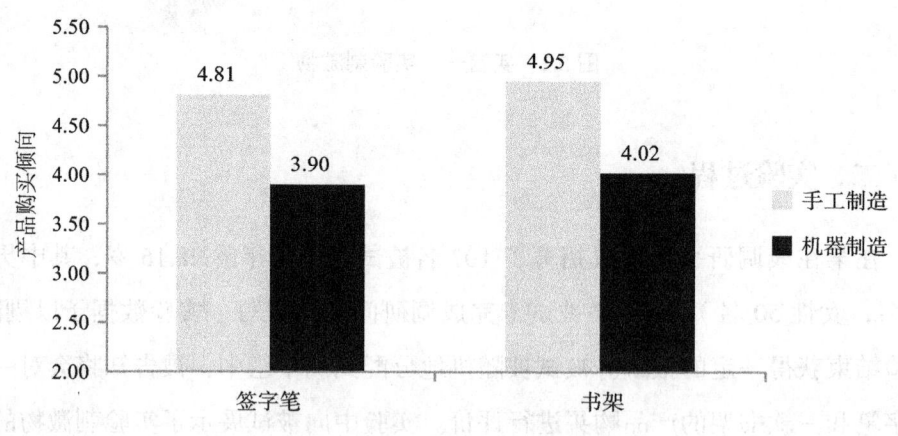

图 5.3　实验一：产品购买结果

第五章　真实性和文化兴趣在制造方式影响产品购买中的作用机制

（2）其他变量。产品感知质量在不同组间均未表现出显著差异，在签字笔一组中（$M_{手工}$ = 4.01，SD = 0.79；$M_{机器}$ = 3.90，SD = 1.33；F (1,98) = 0.55，p > 0.05），而在书架一组中（$M_{手工}$ = 4.41，SD = 1.30；$M_{机器}$ = 4.38，SD = 1.07；F (1,98) = 0.89，p > 0.05）。此外，关于被试是否使用过类似产品和被试在作答时的情绪均未表现出组间差异（Fs < 1；F 值小于1，未表现出统计学差异）。

四、结果讨论

在本实验当中，研究再次对制造方式的积极效应进行了检验，消费者对于手工制造产品的产品购买要高于机器制造的产品。研究证实，在后现代消费主义文化中，虽然机器制造的产品充斥着个人生活的各个方面，但消费者对于手工制造的产品存在明显的购买和积极的态度。

在本实验的正式实验结束之后，研究者针对部分被试（N = 45）进行了半结构化的访谈，为理论机制的挖掘提供一定的基础。研究人员对被试作出选择的原因进行了访谈，如"你为什么会认为手工的产品更加具有吸引力"，有被试认为手工的产品更加独特 [#12；#17；#41]，包含了人的努力在里面 [#8；#16]，包含了制造产品当地的文化 [#15；#34]（注：# 代表被访谈的第 N 个被试）。而对于提到包含文化因素的被试，研究者还对其进行了进一步访谈，如"有哪些因素让你认为手工制造的产品包含了文化因素？"，被试认为制作方式比较独特 [#5；#15]，可能具有传统的工艺或技术 [#21]，具有传承当地传统文化的责任等 [#34]。对本研究的理论机制探索提供了初步的支撑。本研究的后续实验将从文化的视角基于真实性理论构建解释机制，并对此进行探索验证。

第三节 实验二：真实性和文化兴趣的中介解释机制

在实验一对手工制造的积极效应进行了检验之后，在本实验中研究基于真实性相关理论和文化兴趣对后现代消费者文化中手工制造对产品购买影响的内在机制进行探索验证。随着机械智能化制造的高度发达，人在产品制造过程中的作用被边缘化，促进了个体对于真实感的寻求。手工制造的产品由匠人打造，包含情感和记忆，蕴含着真实性，而消费者对于产品的处置和购买，不仅是针对产品本身，还包括对产品所包含的象征意义和象征价值的获得。在本研究中，真实性又区分为原真实、建构真实和自我真实，真实性对于文化构建和理解具有重要意义。产品所包含的真实性能激发消费者对于产品的文化兴趣，进而增加消费者对于特定产品的购买。本实验当中，我们对制造方式影响产品购买过程中，真实性和文化兴趣的链式中介效应进行了检验，并对真实性的不同维度——原真实、建构真实和自我真实分别进行了检验。基于后现代消费者文化，为制造方式的积极效应寻求合适的理论机制解读。

一、实验目的与设计

本实验的主要目的是对假设 H5.2 进行实证检验，即手工制造（vs 机器制造）会有更高的真实性和文化兴趣，进而导致更高的产品购买；并分别从真实性的三个维度——原真实、建构真实和自我真实维度进行了检验。研究认为手工制造通过原真实影响文化兴趣进而提高消费者的产品购买；手工制造通过建构真实影响文化兴趣进而提高消费者的产品购买；手工制造通过自我真实影响文化兴趣进而提高消费者的产品购买。

本实验的实验刺激物为签字笔（和实验一中实验刺激物类似）。实验采用制造方式（手工制造 vs 机器制造）的单因素组间设计。对于制造方式的操控直接在产品的介绍和文字描述中直接给出产品的生产方式。

二、实验过程

从某在线调研平台随机招募了158名被试（有8名被试未完成全部实验，数据予以剔除），被试的平均年龄为25.61岁，其中男性有71名，实验结束获得一定的实验报酬。实验共分为两组，每组75人。被试被告知将会对一款签字笔进行简单的产品购买评估。首先向被试呈现一张产品的图片，下面会有一部分文字介绍产品的一些细节（主要是对产品制造方式的说明和关于产品材质的一些介绍）。之后对被试的产品购买进行了测量，然后在参考徐伟等（2015）开发的测量量表并对测量量表校正的基础上，测量了被试的真实性，包括原真实（如这款签字笔的制作材料来源正宗，这款签字笔的制作方式比较保密，这款签字笔具有指定的供应商）（$\alpha = 0.89$）、建构真实（这款签字笔具有传统的制造工艺和技术，这款签字笔看起来具有悠久的历史，这款签字笔与某历史人物或事件相联系）（$\alpha = 0.91$）和自我真实（这款签字笔能引起我美好的回忆，这款签字笔让我很有面子，这款签字笔有助于传播品牌文化，这款签字笔有助于保护传统文化）（$\alpha = 0.84$）三个维度。然后参考布兰农等（Brannon et al., 2013）的研究制定了本研究关于文化兴趣的测量量表［如很喜欢这款签字笔所蕴含的文化，对这款签字笔背后的艺术感兴趣，对相关的文化产品（如电影）感兴趣］（$\alpha = 0.85$）。最后测量了被试对于产品的感知质量，被试的情绪和被试是否使用过该款签字笔以及其他人口统计学变量。

三、实验结果

（一）产品购买

对于产品的购买而言，单因素方差分析制造方式的主效应显著，消费者对手工制造产品的购买高于机器制造产品，且两者之间的差异显著（$M_{手工} = 4.76$,

SD = 0.68 vs $M_{机器}$ = 3.91, SD = 0.52, $F(1,148)$ = 10.08, $p < 0.001$), 再次证明了本研究的主效应。

（1）真实性。对于产品的真实性而言，单因素方差分析发现真实性的主效应显著，消费者对手工制造产品感知到的真实性高于机器制造产品，且两者之间的差异显著（$M_{手工}$ = 5.01, SD = 0.76 vs $M_{机器}$ = 3.12, SD = 0.65, $F(1,148)$ = 56.18, $p < 0.001$）。为了更加直观地对结果进行呈现，研究对不同维度真实性的结果也进行了比较。对于原真实而言，单因素方差分析发现消费者对手工制造产品感知到的原真实高于机器制造产品，且两者之间的差异显著（$M_{手工}$ = 4.92, SD = 0.58 vs $M_{机器}$ = 3.10, SD = 0.69, $F(1,48)$ = 15.22, $p < 0.001$）；对于建构真实而言，单因素方差分析发现消费者对手工制造产品感知到的建构真实高于机器制造产品，且两者之间的差异显著（$M_{手工}$ = 5.12, SD = 0.61 vs $M_{机器}$ = 3.22, SD = 0.70, $F(1,48)$ = 14.88, $p < 0.001$）；对于自我真实而言，单因素方差分析发现消费者对手工制造产品感知到的自我真实高于机器制造产品，且两者之间的差异显著（$M_{手工}$ = 4.99, SD = 0.78 vs $M_{机器}$ = 3.04, SD = 0.66, $F(1,48)$ = 29.31, $p < 0.001$）。

（2）文化兴趣。对于产品的文化兴趣而言，单因素方差分析发现制造方式的主效应显著，消费者对手工制造产品的购买高于机器制造产品，且两者之间的差异显著（$M_{手工}$ = 4.80, SD = 0.97 vs $M_{机器}$ = 3.97, SD = 0.81, $F(1,148)$ = 30.07, $p < 0.001$）。

（二）中介分析

为了确认从制造方式到真实性再到文化兴趣影响产品购买的中介路径，即制造方式→真实性→文化兴趣→产品购买，研究进行了一系列多中介分析（Process model 6）（Hayes, 2017; Preacher et al., 2007），将真实性的三个维度进行合并计算，代入序列中介模型进行了检验，证实了一个积极且显著的间接效应（b =

第五章 真实性和文化兴趣在制造方式影响产品购买中的作用机制

0.086 9,SE = 0.041 1,95%CI = [0.045 1,0.201 6])。研究还重新排列了两种中介对因果链进行了检验,检验路径如下:制造方式→文化兴趣→真实性→产品购买。此替代中介模型的置信区间包含 0(b = 0.028 3,SE = 0.030 6,95%CI = [−0.025 1,0.108 5]),证明本研究的中介效应只发生在理论预测的方向,支持了本研究的假设 H5.2。

此外,因为 Process model 6 的模型只能对单个序列中介进行检验,无法对分维度的序列中介进行检验,研究还采用 AMOS 对将真实性的三个维度全部代入模型的各变量的路径系数进行了模型检验。研究采用两阶段的中介检验方式,原真实、建构真实和自我真实作为 M1,文化兴趣作为 M2。研究通过四个步骤对中介效应进行检验,第一步,检验制造方式对真实性三个维度的作用;第二步,检验制造方式对文化兴趣的作用;第三步,检验 M1 和 M2 对产品购买的作用;第四步检验所有的间接效应。

(1)制造方式对真实性(M1)的影响:制造方式对于真实性的三个维度(原真实、建构真实和自我真实)存在积极显著的影响(原真实:β = 0.51,p = 0.017;建构真实:β = 0.62,p = 0.003;自我真实:β = 0.43,p = 0.031)。

(2)制造方式对文化兴趣(M2)的影响:制造方式对文化兴趣有显著的间接效应(β = 0.42,p = 0.005),当加入 M1 之后,M2 之前显著的直接效应也不再显著(由 β = 0.69,p = 0.018 变成 β = 0.20,p = 0.516)。

(3)真实性(M1)和文化兴趣(M2)对产品购买的影响,在真实性的三个维度中只有建构真实对产品购买有显著的直接影响(β = 0.16,p = 0.019),原真实(β = 0.06,p = 0.173)和自我真实(β = 0.05,p = 0.185)直接效应均不显著,重要的是文化兴趣对于产品购买存在积极且显著的影响(β = 0.35,p < 0.001)。

(4)制造方式对产品购买影响的间接效应。制造方式对产品购买影响的间接效应是显著(β = 0.41,p = 0.006),制造方式对文化兴趣有显著的间接效应(β = 0.42,p = 0.005),而制造方式通过原真实、建构真实和自我真实影响文化兴趣的路径是显著的（$\beta_{原真实} = 0.16$，$p = 0.015$；$\beta_{建构真实} = 0.14$，$p = 0.006$；$\beta_{自我真实} = 0.13$，$p = 0.036$）。在将 M1 和 M2 加入模型之后，制造方式的主效应大幅度减少，但仍然保持显著（$\beta = 0.75$，$p < 0.001$；加入中介 M1 和 M2 之后，$\beta = 0.34$，$p = 0.025$），原因为本书的主效应的存在仍然有第三章所论述的努力启发式和感知独特性价值的理论解读机制。通过以上数据处理和分析，假设 H5.2a、假设 H5.2b 和假设 H5.2c 得到验证（具体实验结果如图 5.4 所示）。

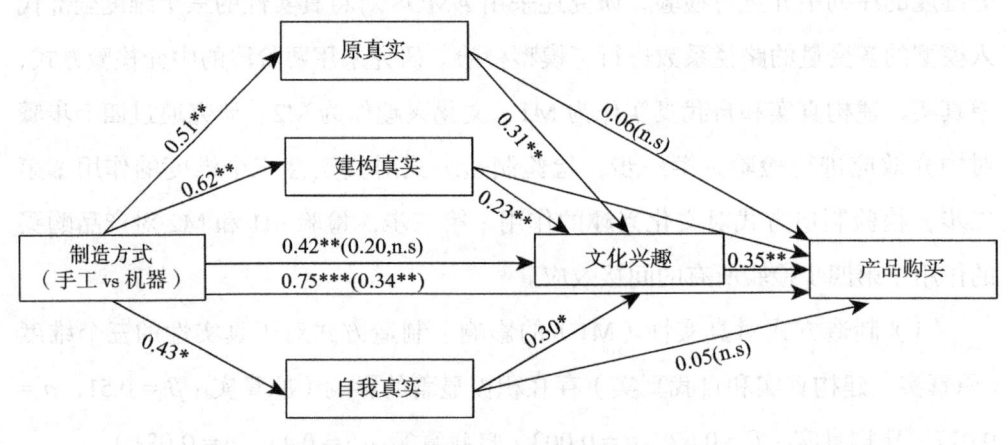

图 5.4　真实性和文化兴趣序列中介图

（*代表 $p<0.05$，**代表 $p<0.01$，***代表 $p<0.001$，n.s 表示不显著）

四、结果讨论

在本实验中，研究围绕文化兴趣基于真实性理论构建本研究的解释机制，探索验证了真实性的三个维度——原真实、建构真实和自我真实在制造方式通过文化兴趣影响产品购买过程的中的链式中介作用。后现代消费情境中，个体自我概念和自主性的缺失激发了个体对于真实性的需求，而真实性会激发个体的文化兴趣，并进而促进产品的购买。在本书真实性的研究中，研究将真实性进行了更为细致的维度划分，将真实性根据手工制造和文化的研究背景区分为不同的维度，对真实性的相关理论进行了丰富并进行了实证检验。

第四节 实验三:地理空间距离的调节作用

在前述实验二中,研究基于真实性相关理论,对制造方式影响产品购买的文化机制进行了探索验证,并基于真实性的不同维度构建了结构方程模型的数据检验。而在产品对于消费者文化兴趣的影响当中,有一个重要的潜在影响变量就是地理空间距离。通过前述文献梳理和假设推理,研究认为消费者对于来自远空间距离的产品相比近空间距离的产品所包含的文化兴趣更高。在本实验中研究对不同远近空间距离进行操控,检验了地理空间距离在制造方式上通过真实性和文化兴趣影响产品购买过程中的调节作用。

一、实验目的与设计

本实验的主要目的是对假设 H5.3 进行验证,即地理空间距离在制造方式对产品购买影响过程中具有调节作用,具体是指远的地理空间距离(vs 近的空间距离)会增加消费者对于产品的文化兴趣感知,进而导致更加积极的产品购买。

实验三的实验刺激物为书架(和实验一中实验刺激物类似)。实验采用2(制造方式:手工 vs 机器)×2(空间距离:远 vs 近)的组间设计。对于制造方式的操控在产品的介绍和文字描述中直接给出产品的制造方式,而对于空间距离的操控研究通过对产品的产地进行操控,在近的空间距离组产品的产地为中国浙江,而在远的空间距离组产品的产地为英国伯明翰(考虑到调研平台的实际情况,绝大部分被试来自国内,因此在实验设计中研究选取了英国伯明翰和中国浙江作为远近空间距离操控的产地;此外在实验中对空间距离进行了操控检验)。

二、实验过程

在某在线调研平台随机招募了 169 名被试（平均年龄 26.52 岁，其中男性被试 85 名，女性 84 名），有 8 名被试未完成全部调研问卷的填写，有 1 名被试中途退出了调研，实验数据不可用，予以删除。被试被随机分配到 4 个组中，被告知将会对一款书架的产品购买进行评估。首先向被试呈现了实验刺激物的图片和关于产品的一些介绍信息（主要包括产品的制造方式和产品的产品，以及其他一些信息，如材质等）。之后对被试的产品购买进行了测量，此外研究还测量被试对于产品的感知质量，并对被试的情绪以及过去是否使用过类似的书架进行了测量。

三、实验结果

（1）操控检验。被试对于产地为英国伯明翰的产品相比产地为中国浙江的产品感知到了更远的地理空间距离，且两者之间的差异显著（$M_{英国伯明翰} = 6.01$，$SD = 1.28$ vs $M_{中国浙江} = 3.56$，$SD = 1.09$，$F(1,158) = 48.41$，$p < 0.001$）。

（2）产品购买。对于产品的购买而言，两因素被试间方差分析发现制造方式的主效应显著（$F(1,156) = 8.25$，$p < 0.05$）；而地理空间距离的主效应不显著（$F(1,156) = 2.81$，$P > 0.05$）。进一步的简单效应分析发现，当产品产地为远空间距离时，相比机器制造，消费者更倾向购买手工制造的产品，且两者之间的差异显著（$M_{远-手工} = 4.89$，$SD = 0.79$ vs $M_{远-机器} = 4.13$，$SD = 0.64$；$F(1,157) = 7.98$，$p < 0.05$）。当产品产地为近空间距离时，消费者对于手工制造的产品的购买意愿高于机器制造的产品（$M_{近-手工} = 4.61$，$SD = 0.55$ vs $M_{远-机器} = 4.09$，$SD = 0.62$；$F(1,157) = 4.20$，$p < 0.05$），证明了假设 H5.3，具体的实验结果如图 5.5 所示。

第五章 真实性和文化兴趣在制造方式影响产品购买中的作用机制

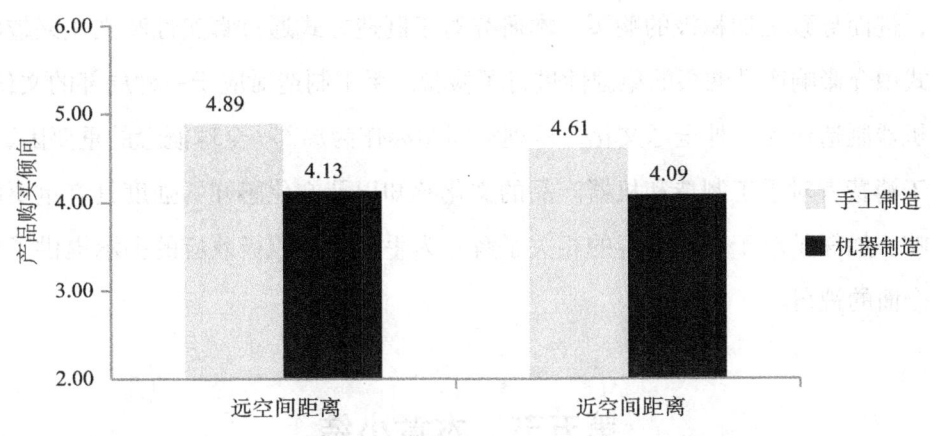

图 5.5 不同空间距离下制造方式对产品购买的影响

（3）真实性和文化兴趣的中介分析。对于产品的文化兴趣而言，单因素方差分析发现，远空间距离组感知到的文化兴趣要高于近空间距离组，且两者之间的差异显著（$M_{远}=4.85$，$SD=0.60$ vs $M_{近}=4.38$，$SD=0.52$；$F(1,158)=4.25$，$p<0.05$）。同时，研究基于 Precher 等（2007）开发的中介调节模型（Process Mode 92）对本实验不同空间距离下真实感和文化兴趣的中介作用进行了检验。在远空间距离下真实感和文化兴趣的中介作用积极且显著（$b=0.091\,5$，$SE=0.040\,1$，$\%95CI=[0.010\,3, 0.259\,9]$）；在近空间距离下，真实感和文化兴趣的中介作用同样显著（$b=0.041\,2$，$SE=0.032\,9$，$\%95CI=[0.018\,7, 0.102\,5]$），但在远空间距离下，真实感和文化兴趣的中介作用要强于近空间距离，说明空间距离对于手工制造的积极效应存在加强效应。

四、结果讨论

在本实验中，研究检验了地理空间距离在制造方式对产品购买影响过程中的调节作用。研究证实，对于远的空间距离的产品被试对其会有更多的文化兴趣，进而导致更加积极的购买。本研究对于制造方式通过真实性和文化兴趣的链式中介影响产品购买的稳健性进行了检验。手工制造对应于一种局部的文化，而机器制造作为一种全球文化，地理空间距离作为局部/全球概念的重要因素，对于消费者对手工制造和机器产品的文化感知以及文化感知的强度具有重要的影响。加深了对于文化兴趣的相关了解，为手工制造积极效应的揭示提供了更加全面的视角。

第五节　本章小结

在本章中，研究基于真实性和文化兴趣相关理论，对后现代主义消费者文化中消费者对手工制造产品的积极效应进行了检验。手工制造更多的是一种在局部进行的产品制造方式，是局部文化的外在表现，而机器制造更多的是一种全球化的产物。因此有必要对不同制造方式背后的文化因素进行探索和验证，并基于地理空间距离的调节作用，对本研究理论机制的稳健性进行了进一步的检验，地理空间距离会深刻地影响个体对于文化的感知。

在本章的实验一中，对后现代消费者文化中，消费者对于不同制造方式产品的购买进行了实证检验。在后现代消费文化中，虽然机器制造的产品制式恒定，产品质量相对稳定，但由于机器的规模化生产对于人工劳动力的替换，人在产品制造过程中的作用被简化，对个体的自主性和本体性产生了一定的威胁。激发了个体对于真实性的诉求，对于包含真实性产品的购买。而手工制造的产品由于其由人手工打造，富含情感，更加真实，承载文化因素，因此更加受到消费者的青睐。在实验一的正式实验结束之后，研究还对部分被试（被试为随机抽取）进行了质性访谈，询问了被试更愿意购买手工制造的产品的原因。对于访谈资料的分析发现，被试对于手工制造产品的购买除了因为产品包含人的努力、更加独特外，还有一个重要的原因是手工产品的文化因素，使后续实验

第五章 真实性和文化兴趣在制造方式影响产品购买中的作用机制

的研究方向和实证方向更加明确化。

在本章的实验二中,对真实性和文化兴趣的序列中介效应进行检验,并将真实性根据研究情境和研究需要划分为原真实、建构真实和自我真实三个维度,并分别检验了它们在制造方式对产品购买影响过程中的中介作用。研究采用Process中介分析模型和结构方程模型结合的方式,对真实性三个不同维度在制造方式对产品购买影响过程中的间接中介效应进行了检验。研究结果发现,除建构真实以外,原真实和自我真实都通过文化兴趣的中介作用对产品购买产生影响,文化兴趣对产品购买有积极且显著的影响。实验二通过多方法融合的方式对真实性和文化兴趣的影响进行了检验。

在实验三中,研究采用2(制造方式:手工 vs 机器)×2(空间距离:远 vs 近)的实验设计对地理空间距离在制造方式通过真实性和文化兴趣影响产品购买过程中的调节作用进行了检验。研究发现,对于远(vs 近)空间距离的产品,消费者会有更高的文化兴趣,进而导致更加积极的产品购买。实验三检验了影响文化的重要变量——空间距离的作用机制,丰富了在后现代消费者文化中制造方式对产品购买的解读机制,并从侧面验证了解读机制的稳健性。

第六章

结论与展望

第六章 结论与展望

本书主要探索验证了制造方式对产品购买影响的理论机制，调节变量和边界机制，并基于现象→理论内核→调节机制→边界机制→理论外延思路构建了本书的三个核心研究。研究一主要通过四个实验对制造方式影响产品购买的理论机制进行了探索验证；研究二主要通过四个实验室实验和一个大数据建模的方式对制造方式对产品购买影响过程中的核心调节变量——产品类别进行了检验，并对感知价格在这个过程中的边界机制进行了探索验证；研究三通过三个实验和质性分析的方式从文化解读机制视角，基于真实性构建相关理论对制造方式影响产品购买的理论外延进行了探索验证。本章主要包括三部分内容：在第一节中主要对本书各个研究的主要结论进行了汇总说明。在第二节中主要对本书的理论贡献和实践意义进行了深入阐述，实践意义则从个人、企业、国家、文化层面分别进行了论述。在第三节中，对本文未来可能的研究方向进行了展望。

第一节 研究结论

在技术进步和机械智能化制造高度发达的今天，机器制造的标准化生产逐渐代替手工制造，机器制造成为高质量和标准化的代名词。然而，当今机器年代，手工制造的产品依然活在市场中，备受人们青睐，出现了各种各样的手工产品（如面包、三明治、香皂、吉他、板鞋、刀具、家具用品），而且其规模还在不断扩大。不同制造方式的产品共同满足消费者的需求，为不同的消费者提供各种各样的产品，丰富人们的生活。本书主要对制造方式影响消费者产品评估、产品购买和产品购买决策的内在机制、调节作用、边界条件和外延进行了探索验证，以期明确不同制造方式影响消费者产品购买的相关理论，并基于相关文献梳理、理论探讨，构建了本书的主要三个子研究，每个子研究又包含多个实验（访谈调研、系列实验、大数据建模、结构方程检验），并基于严谨的数据分析策略对假设提出的各个命题进行了检验。三个子研究具体包括：制造方式对产品购买的影响、产品类型在制造方式对产品购买影响过程中的匹配机制、真实性和文化兴趣在制造方式对产品购买影响过程中的影响机制。以下对各个子研究的主要假设以及通过实证检验获得的结论进行总结和梳理（本书共包含12个实验）。

在第一个子研究中，对制造方式影响消费者产品购买的主效应以及内在理论解释机制进行了检验，并围绕核心解释机制构建本研究的调节变量，进一步对理论解释机制的稳健性进行检验。在第一个实验中研究采用3（制造方式：手工 vs 机器 vs 无制造信息）×4（产品类别：手提包、水杯、毯子、文具）的混合实验设计（between and within）对本研究实验的主效应进行检验，实验根据消费者实际和参考前人研究成果增加了无制造信息组。研究通过实证分析发现，将产品以手工制造（vs 机器制造 vs 无制造信息）的方式呈现会获得消费者更高的产品购买与评价，而机器制造组和无制造信息组未表现出组间差异。研究采用多个刺激物和严谨的操控对制造方式的主效应进行了探索验证。实验二中研究聚焦于手工制造和机器制造之间的主要区别：产品包含个体（生产者）努力的多少，基于努力启发式构建本研究的理论解读机制。实验发现制造方式影响产品购买过程中，努力启发式和感知独特性价值具有链式中介作用。此后，围绕核心理论解读从个体变量和情境维度构建研究的调节变量，对理论机制的稳健性进行探索验证。研究发现，高独特性需求的个体（vs 低独特性需求的个体）会有更高的独特性价值感知，制造方式的积极效应会得到加强。此外，研究从消费者的个体消费情境（private vs public）入手探讨了制造方式对产品购买影响的调节机制，独特性价值感知是一个相对社会化的构念（其重要作用在于身份确定和社会价值的凸显），独特性感知价值在公共（公开）的消费情境中更能得到加强。实验四的研究结论也证明，在公共消费情境中，消费者会从产品的消费中获得更高的独特性价值感知，进而导致更加积极的产品购买和评估,制造方式的积极效应得到加强,并从侧面验证了本研究理论解读机制的稳健性。

研究二的主要内容是从理论边界探寻和边界机制寻找的角度,对制造方式影响产品购买过程中的重要调节和边界条件进行了检验,研究检验了产品类别在制造方式对产品购买影响过程中的匹配机制。在实验一中,采用组间选择(between-subject choice)的方式对制造方式和产品类别的匹配效应进行了检验,研究结果发现对于享乐品而言,相比机器制造,消费者更喜欢产品以手工制造的方式生产;对于功能品而言,相比手工制造,消费者更喜欢产品以机器制造的方式生产。在实验二中,对本研究提出的匹配效应的内在机制进行检验,发现感知产品差异在制造方式和产品类别匹配过程具有中介作用,并对其他可能的理论解读机制如感知质量、感知价值进行了检验。在实验三中,研究通过调节的方式对感知产品差异的中介作用进行了验证,通过新闻报道的方式对感知产品差异进行了操控,实验分析表明,在高感知产品差异组,无论是功能还是享乐,消费者都购买手工制造的产品;在低感知产品差异组,无论是功能还是享乐,消费者都购买机器制造的产品;而在控制组当中,则重复了之前研究的结论,消费者购买手工制造的享乐品和机器制造的功能品。实验三从理论机制稳健性的角度对感知产品差异进行了研究,对不同感知产品差异的作用机制进行了深入探讨,从侧面对感知产品差异进行了验证。在实验四中,对感知价格的边界作用机制进行了探讨,价格作为重要的产品决策线索,对产品的购买意愿和态度形成具有重要的作用。研究通过预调研的方式确定了被调研样本感知的不同价格水平(高、中、低),分别在不同价格水平下对制造方式和产品类别共同作用影响产品购买的结果进行了实证检验。研究结果证实,在高感知价格组,无论功能还是享乐,消费者都购买手工制造的产品;在低感知价格组,无论功能还是享乐,消费者都购买机器制造的产品;在中间价格组,消费者更倾向购买手工制造的享乐品和机器制造的功能品。在本研究的实验五中,研究基于从全球最大的手工销售平台（Etsy）获得的产品数据，对本研究的匹配效应和价格的边界作用机制进行了基于大数据模型的检验。研究结果证实，在手工制造的大背景下，在产品的描述性信息当中，享乐性的词频越高，消费者对于产品的喜爱越高，功能性的描述在这个过程中具有负向作用；此外，对不同价格机制的模型检验发现，对于高价格组来说，享乐性的描述对于产品的影响增强，对于低价格组来说，功能性的描述更具说服力，而中间价格组则重复了之前研究的结论。实验五基于网络平台的数据对本研究的匹配效应和价格的边界机制进行了验证，拓展了理论的外部效度。

最后，在本书的第三个子研究中，研究讨论了在后现代消费者文化中，不同制造方式的产品对于消费者产品购买的影响。在本研究中，基于真实性相关理论构建模型，检验了手工制造的积极效应，并检验了真实性和文化兴趣在这个过程中的序列中介作用，并基于研究情境和理论构建的需要，将真实性区分为原真实、建构真实和自我真实，并对其分别进行了检验。在第一个实验当中，研究对文化背景下制造方式的主效应进行了检验，研究结果证实消费者对手工制造产品的购买意愿要高于机器制造的产品。在正式实验之后，研究还对部分被试进行了半结构化访谈，被试多次提到了在后现代消费者文化中，对于真实性的诉求，以及消费者对于手工制造的产品所包含的文化因素的兴趣。第二个实验对真实性和文化兴趣在制造方式影响产品购买过程中的序列中介作用进行了检验，采用调节中介模型（Process Mode 6）和结构方程建模的方式对不同真实性维度和文化兴趣的间接效应进行了检验。实验三则对影响文化兴趣的重要因素——地理空间距离在制造方式影响产品购买过程中的调节作用进行了检验，研究结果证实远空间距离的手工产品能引起被试更高的文化兴趣，进而导致更加积极的购买，远的空间距离相比近的空间距离，手工制造的积极效应更强。

综上，研究针对制造方式对产品购买影响的理论机制以及理论机制的稳健性、重要调节因素以及理论的边界机制都进行了探索验证，此外研究还针对制造方式影响产品购买的理论外延——文化相关因素（真实性角度）进行了实证检验。

第二节 理论贡献与实践价值

本节主要对本书的理论贡献和实践意义与价值进行论证与总结。本书的研究立足于对社会经济生活客观实践的观察与总结，同时植根于相关的理论发现与理论进展，研究通过多种方法构建理论模型并依托比较成熟的系列实验设计、结构方程模型同时结合最近得到较大发展的大数据方法对本书的主要研究假设进行实证检验。对制造方式影响消费者的购买决策相关理论和实践启示方面取得了较大的进展，下面对相关内容进行具体论述。

对于制造方式这一主题，虽然已有学者对此进行了一定的涉及与探讨，但缺乏深度的系统性的全面分析与研究，也缺乏将不同制造方式的产品进行对比，探讨其影响消费者购买决策和文化理解的相关实证文章。关于手工制造这一主题，目前的研究较多地集中于某类手工业产品的原产国产值分析、基于历史回顾文献对某一手工产品发展进行分析总结，或应用宏观营销策略对特定手工行业进行的分析。较少有研究关注不同制造方式对消费者产品购买和决策的影响研究。关于机器制造和智能化制造发展，国外开始有学者对这一主题开始进行分析，主要聚焦于技术给个体带来的压力、自动化给个体的身份定位和确认带来了挑战。缺乏对机器制造综合全面的了解。而随着互联网经济和电子商务的发展，手工制造在全国获得较大的发展，机械智能化的高度发达（尤其是伴随着人工智能和算法领域的进步）不仅为实业界带来了机遇和挑战，也为相关理论研究者提供了深度挖掘和分析的机会。

本书的理论贡献主要集中于以下几个方面：

第一，在已有基础上重新对两种制造方式（手工 vs 机器）进行了定义，并基于人在产品制造过程中扮演的角色差异进行了界定和区分。将手工制造与DIY、宜家效应（IKEA effect）、价值共创（value co-creation）、大规模客户定制（Mass Customization）等相近概念进行了区分，概念的明确界定是后续理论建模和实证检验的基础。

第二，推进了制造方式对于消费者产品选择和购买的相关微观研究，从个体心理机制解读的视角出发，对消费者购买不同制造方式产品的心理认知机制进行挖掘。在对手工制造的相关研究中较多地集中于宏观经济层面，而少量基于微观层面的研究也主要采用质性访谈和扎根理论的方式对相关机制进行探讨。本书基于不同制造方式之间的本质区别：产品所包含个人（生产）努力的多少，结合在个体决策领域较为成熟的理论（启发式-分析模型），对本书制造方式影响产品购买的主效应（手工制造的积极效应）进行了实证检验。并围绕本研究的核心解释机制努力启发式和感知独特性价值构建了个体层面（个体独特性需求）和情境层面的调节变量（使用情境），对理论机制的稳健性进行了进一步检验，并排除了一些其他可能的竞争性解释（如感知价值），提高了理论的鲁棒性。

第三，任何理论都有适用范围，存在理论的边界。本书探索了制造方式影响产品购买过程中重要调节变量和边界机制。在机器制造年代，手工制造的产品颇受消费者欢迎，但机器制造由于性能稳定，产品仍然具有相当的吸引力，在市场上手工制造产品和机器制造产品共同满足着消费者的需求，提供多样化的产品丰富人们的生活。研究从理论构建的需要和具体实践的需求出发，对制造方式影响产品购买过程中的调节机制与边界条件进行了探索验证。

通过相关的理论分析与调查研究，本研究认为产品类别在制造方式对产品购买影响过程中具有重要作用。享乐/功能作为产品类别划分领域经久不衰，是被营销者和企业界广泛接受的一个划分，产品类别的选择驱动着产品的选择

第六章 结论与展望

与购买，享乐品和功能品都能满足消费者需求，为消费者提供价值，但它们提供价值的方式以及本质存在差异。本书对制造方式和产品类别的匹配效应及其对产品购买的影响进行了研究，并对匹配效应背后的理论机制进行了探索验证。对于手工制造的产品，由于生产过程中人工的参与，每个产品与同批次其他产品均有一定的差异，产品的感知差异较大。而在享乐品的研究与推广中，产品设计通常具有较大的差异与变化，而手工制造正好契合了这种个体的需求。对于机器制造的产品，由于机械化大生产，产品大都具有规模化制作特征，产品具有一致稳定的效果，而功能品要求产品质量稳定，因此机器化生产契合了功能品对于产品质量稳定的要求。本书拓展了关于制造方式和产品类别的相关理论研究，从感知产品差异视角对制造方式和产品类别的匹配做了解读与验证。

价格作为产品重要的决策线索，对于产品的选择和购买具有重要的影响，在内化为产品的感知价格之后更能有效地解读个体的消费购买决策。本书还探讨了价格在制造方式对产品购买影响过程中的边界作用机制。在高感知价格情况下，消费者会将产品与独特性和稀缺等元素进行联结，手工制造的产品花费了匠人较多的努力，因而被认为更具艺术性和独特性；在低感知价格情况下，消费者首要考虑的是满足产品的基本功能，而机器大规模制造和规模化生产有效降低了成本。研究发现在高感知价格组，无论功能还是享乐消费者都购买手工制造的产品，在低感知价格组，无论功能还是享乐消费者都购买机器制造的产品。研究结论对于价格对产品购买影响机制进行了丰富。

第四，在制造方式的相关研究中，还有一个重要的理论外延，手工制造的产品包含文化的特征。在以往关于手工制造质性访谈的研究中，文化是手工制造研究中一个重要因素。但相关研究既没有对相关作用进行探讨也没有进行实证分析。在本书中，研究基于真实性相关理论构建解释模型，并根据研究实际和研究情境将真实性区分为原真实、建构真实和自我真实三个维度，并利用 Process Mode 和结构方程模型相结合的方式，对不同真实性和文化兴趣的链式中介作用进行了检验，丰富了手工制造对于文化影响的理论解释机制，并基于地理空间距离对解读机制的稳健性进行了进一步检验。研究不仅丰富了手工制造的相关研究，也对真实性、文化等相关领域研究进行了整合与深入研究。

本书的研究来源于理论与实践，研究结论也要回归于实践，现就本书的实践启示与管理意义论述如下：

第一，对于不同制造方式产品制造商和销售商家的指导意义。产品的制造方式是产品的重要相关信息，对产品制造方式的宣传也是一大亮点，在销售与推广手工制造产品的过程中，在商品的重要部位突出产品的相关制造信息，如在产品外包装标记手工字样，或在广告宣传时，介绍完基本产品功能信息之后，附加产品制造信息。此外，在手工制造的宣传与推广过程中要强调制作者的努力，提高消费者的启发式加工概率，而产品制造设计也要促进消费者的感知独特性价值。此外在产品的广告推广中，消费者使用产品的情境也可以根据需要进行调整，如在公共消费情境中，消费者对于手工产品的独特性感知价值会提升，进而促进产品的购买。在产品的推广过程中，营销人员也要抓住和顾客交流的机会，了解顾客的需求并对顾客的个人独特性需求等情况进行较为准确的识别，促进产品的销售。

第二，针对不同产品类别的产品，消费者对制造方式的认可和购买意愿不同，对于享乐品和功能品并针对对应的制造方式提供个性化的宣传与推广策略。在享乐品的推广与销售过程中，如果产品为纯手工打造，要突出产品的制造方式信息，同时介绍产品的与众不同与差异化的特征以吸引消费者的购买，而手工产品的制造商也要在产品的独特设计方面投入努力，以满足消费者的需求。而在功能品的销售过程中，商家要尽可能地凸显商品的功能属性，并且产品的介绍中要对产品的制造方式以及相关特征加以说明，机器制造产品的制造商也要提高机器性能，保持机器制造的一贯优势，保持产品制式恒定以及性能的稳定。

第六章 结论与展望

对于不同制造方式和不同类型产品的定价策略和定价方式，并不是所有的产品都适合较高的产品定价，而较高的产品定价策略也要被消费者所接受和认可才能转化为产品的销售额与利润。对于为满足享乐性需求而对手工产品进行购买的消费者，要提高消费者的产品知识，向消费者传达手工制作高价的原因在于独特的造型与设计以及高程度的个体努力和精神的传递；而对于机器制造来满足消费者功能需求的产品，要着力介绍产品质量稳定、性能优异，可以达到很好的使用目的。同时，在不同产品的销售过程中，在消费者进店时销售人员应该对消费者购买产品的类型和目的进行了解，根据消费者不同的购买动机属性，店员可以推荐不同制造方式的新颖产品，这样可以无形中增加不同购买动机消费者对对应制造方式的产品评价，并促进再次购买，提高顾客满意度。

第三，手工制造产品当中的相当部分包含有文化的因素，是局部传统文化的表征，在手工制品的介绍和推广中要突出产品的文化因素，同时要把手工产品所蕴含的真实性进行传递，促进消费者对于局部文化的兴趣，进而促进产品的购买。此外，在政策层面，手工制造产品是局部文化的象征和代表，同时中国由于源远流长的文化，有相当数量的手工艺从业者，为了民族文化的传承与认同，促进社会公平正义，提高手工艺者的待遇甚至对于目前大力推进的共同富裕大有裨益。国家和地方政府可以指定有力的政策措施，指导当地手工业的健康良性发展。此外，随着互联网技术的兴起，以及"互联网+"的不断推进，在手工业发达的地区可以进行设置部门联动机制，促进手工行业和互联网的融合，提高从业者资质管理促进产品销售，形成良性的发展机制。手工行业的健康良性发展是文化传承的重要形式，也兼顾着社会公平正义与提高低收入者收入的重大社会意义。

第三节 未来研究展望

本书对制造方式影响产品的内在解释机制、理论核心、置反的调节以及边界条件进行了深入的探讨与实证检验。但关于制造方式的相关研究也存在其他可能的研究方向以及角度进行进一步挖掘。

第一,对于不同制造方式对消费者的产品选择和决策是否存在其他方面的影响还有待进一步思考。如对不同制造方式的产品的购买是否会受到消费者购买习惯(consumer habits)的影响,在对不同制造方式的产品进行购买之后,个体的购后行为(post-consumption)是否会有不同,都是极具潜力的研究方向。

第二,随着智能化制造的高度发达,技术的进步日新月异,在技术进步给消费者带来积极的便利的同时,也引发了一些关于技术的负面效应的争论。而在市场营销领域的顶级期刊 *Journal of Marketing Research*、*Journal of Consumer Research*、南开管理评论近期发表的研究中开始针对技术可能带来的对于消费者心理和行为的负面影响开始进行理性的思考与探讨,如有自我确认(Identity-based)动机的消费者对于自动化的抵制(Leung et al., 2018),对于技术文化的探讨(Kozinets, 2019)以及对于 AI 医疗的抵制(Longoni et al., 2019)。对于技术对消费者个体心理和认知的影响也是未来极具潜力的研究分支。

第三,不仅限于手工制造的产品,还有手工书写体和机器打印体对于消费者心理的影响(Schroll et al., 2018;Ren et al., 2018),不同消费情境中人的因素都在获得广泛的关注与探讨。人在不同消费情境和产品使用中的主体性都值得进一步挖掘与探索。后现代消费者文化中,研究可以继续关注个体的控制感、自我概念的明确性等相关问题的研究与探索。

第四,在对于产品所包含的文化价值方面,对于文化的理解与传承,如何有效地推广我们的文化,并且在文化的传承与认同方面构建具有中国文化特色的理论也是未来极具潜力的研究方向。对于一个拥有源远流长文化的古老文明国度,如何保护好我们的文化,提高文化认同,构建文化传承的良好机制,是文化相关研究者更是每一个国人应该思考的问题。

附录

个体独特性需求测量表

附 录　个体独特性需求测量表

个体独特性需求（Need For Uniqueness）测量量表［根据辛德等（Synder et al.，1977）、西蒙森等（Simonson et al.，2000）的量表进行了适当修订，量表采用7级李克特量表（Likert），共32个测量问项］，具体问项如下：

1. 当我在一群陌生人中间时，我经常会公开表达我的观点。
2. 我认为被别人批评会影响我的自尊。
3. 我有时不表达自己的一些看法，担心这些看法不切实际。
4. 我认为社会应该理性地支持和建立新的习惯，而抛弃旧的习惯和传统。
5. 人们常常能成功地改变我的想法。
6. 我发现有时冒犯老师、法官或"有教养"的人的尊严是很有趣的。
7. 我喜欢穿制服，因为它使我为自己是它所代表的组织的一员而感到自豪。
8. 人们有时认为我是"傲慢"的人。
9. 别人的反对会使我感到不舒服。
10. 我并不总是需要按照社会的规则和标准生活。
11. 如果我的表达造成了不良后果，我选择不表达我的感受。
12. 事业上的成功意味着作出别人没有做过的贡献。
13. 如果人们认为我太标新立异，我会感到困扰。
14. 我总是试图遵守规则。
15. 如果我不同意上级的观点，我对此观点不会保密。
16. 我会在会议室发言，反对那些我认为观点错误的人。
17. 在人群中"与众不同"让我感到不舒服。
18. 如果我非死不可，那就不寻常地死，而不是普通地死在床上。
19. 我宁愿和其他人一样，也不愿被称为"怪胎"。
20. 我必须承认，我觉得在严格的规章制度下工作很难。
21. 我宁愿以总是尝试新思想而闻名，也不愿以使用可靠的方法而闻名。
22. 与其被认为是一个令人讨厌的人，不如总是同意别人的观点。

23. 我不喜欢对别人说不寻常的话。

24. 我倾向于公开表达我的意见，不管别人怎么说。

25. 通常，我坚决捍卫自己的观点。

26. 我不喜欢走自己的路。

27. 当我和一群人在一起时，我同意他们的想法，这样就不会产生争论。

28. 在地位高、经验丰富的人面前，我往往保持沉默。

29. 我一直很独立，不受家庭的约束。

30. 每当我参加团体活动时，我都是一个不墨守成规的人。

31. 在生活中的大多数事情上，我相信要稳扎稳打，而不是孤注一掷。

32. 打破常规总比永远服从一个没有人情味的社会要好。[反向编码]

参考文献

陈瑞，陈辉辉，郑毓煌，2017. 怀旧对享乐品和实用品消费决策的影响 [J]. 南开管理评论，20（6）：140-149.

董泽瑞，杜建刚，2020. 手工制造的积极效应及其对产品评价的影响机制研究 [J]. 南开管理评论，23（3）：188-199.

窦旭民. 手工制造与机器制造 [EB/OL]. （2017-07-02）[2021-01-03]. http：//blog.voc.com.cn/blog_showone_type_blog_id_1015735.

范晓明，王晓玉，杨祎，2019. 手工制作效应——手工制作对产品质量评价的影响研究 [J]. 管理科学学报，22（8）：33-45.

何佳讯，吴漪，丁利剑，等，2017. 文化认同、国货意识与中国城市市场细分战略——来自中国六城市的证据 [J]. 管理世界（7）：120-128.

李东进，刘建新，2016. 产品稀缺诉求影响消费者购买意愿的双中介模型 [J]. 管理科学，29（3）：81-96.

李倩倩，邓辉梅，2022. 购买类型与调节定向对消费者决策后悔倾向的影响 [J]. 营销科学学报，2（1）：104-122.

刘德文，高维和，闵凉宇，2022. 可读性和吸引性对商品销量的影响——基于电影简介的文本分析 [J]. 中国管理科学，30（6）：167-177.

刘建新，范秀成，张成虎，2021. 手工产品的溢价效应：基于多重中介模型 [J]. 管理评论，33（8）：171-184.

刘建新，李东进，2017. 产品稀缺诉求影响消费者购买意愿的并列多重中介机制 [J]. 南开管理评论，20（4）：4-15.

刘雨华，王霞，2022. 用户生成品牌内容的功能性诉求对社交媒体参与度的影响——头像外表吸引力的调节作用 [J]. 营销科学学报，2（3）：18-40.

孟陆，谢育锋，李同茂，等，2022. 污染效应在消费者行为领域的表现及其心理机制 [J]. 心理科学进展，30（4）：941-952.

钱晓慧，2008. 文化距离感知对旅游者目的地选择的影响研究 [D]. 合肥：安徽大学.

孙彦，李纾，殷晓莉，2007. 决策与推理的双系统——启发式系统和分析系统 [J]. 心理科学进展，15（5）：721-726.

徐伟，王平，王新新，等，2015. 老字号真实性的测量与影响研究 [J]. 管理学报，12（9）：1286-1293.

徐伟，王新新，2012. 商业领域"真实性"及其营销策略研究探析 [J]. 外国经济与管理，34（6）：59-67.

易纲，王召，2002. 货币政策与金融资产价格 [J]. 经济研究，3（1）：13-20.

AGHDAIE S F A，ZARDEINI H Z，2012. A SWOT analysis of persian handmade carpet exports [J]. International Journal of Business and Management，7（2）：243-251.

AIKEN L S，WEST S G，RENO R R，1991. Multiple regression：testing and interpreting interactions [M]. London：Sage Publication.

ALDEN D L，STEENKAMP J B E M，BATRA R，1999. Brand positioning through advertising in Asia，north America，and Europe：the role of global consumer culture [J]. Journal of Marketing，63（1）：75-87.

ARCHIBALD R B，HAULMAN C A，MOODY JR C E，1983. Quality，price，advertising，and published quality ratings [J]. Journal of Consumer Research，9（4）：347-356.

ARGO J J，DAHL D W，MORALES A C，2006. Consumer contamination：how consumers react to products touched by others [J]. Journal of Marketing，70（2）：81-94.

ARGO J J，DAHL D W，MORALES A C，2008. Positive consumer contagion：responses to attractive others in a retail context [J]. Journal of Marketing Research，45（6）：690-701.

ARNOULD E J，THOMPSON C J，2005. Consumer culture theory（CCT）：twenty years of research [J]. Journal of Consumer Research，31（4）：868-882.

BARBER E W. Etsy's Industrial Revolution[EB/OL]. （2013-11-12）[2018-02-03]. http：//www.nytimes.com/2013/11/12/opinion/etsys.

BARKER H，TAYLOR Y，2007. Faking it：the quest for authenticity in popular music [M]. New York：WW Norton & Company.

BASTOS W，BRUCKS M，2017. How and why conversational value leads to happiness for experiential and material purchases [J]. Journal of Consumer Research，44（3）：598-612.

BATRA R，AHTOLA O T，1991. Measuring the hedonic and utilitarian sources of consumer attitudes [J]. Marketing letters，2（2）：159-170.

BAZERMAN M H，TENBRUNSEL A E，WADE-BENZONI K，1998. Negotiating with yourself and losing：making decisions with competing internal preferences [J]. Academy of Management Review，23（2）：225-241.

参考文献

BEARDEN W O, ETZEL M J, 1982. Reference group influence on product and brand purchase decisions [J]. Journal of Consumer Research, 9 (2): 183-194.

BECKER G S, MURPHY K M, 1992. The division of labor, coordination costs, and knowledge [J]. The Quarterly Journal of Economics, 107 (4): 1137-1160.

BELK R W, 1988. Possessions and the extended self [J]. Journal of Consumer Research, 15 (2): 139-168.

BELK R W, COSTA J A, 1998. The mountain man myth: a contemporary consuming fantasy [J]. Journal of Consumer Research, 25 (3): 218-240.

BELLEZZA S, GINO F, KEINAN A, 2014. The red sneakers effect: inferring status and competence from signals of nonconformity [J]. Journal of Consumer Research, 41 (1): 35-54.

BENDAPUDI N, LEONE R P, 2003. Psychological implications of customer participation in co-production [J]. Journal of Marketing, 67 (1): 14-28.

BERGER J, HEATH C, 2007. Where consumers diverge from others: identity signaling and product domains [J]. Journal of Consumer Research, 34 (2): 121-134.

BERGER J, WARD M, 2010. Subtle signals of inconspicuous consumption [J]. Journal of Consumer Research, 37 (4): 555-569.

BERRY C J, 1994. The idea of luxury: a conceptual and historical investigation [M]. Cambridge University Press.

BERTINI M, OFEK E, ARIELY D, 2009. The impact of add-on features on consumer product evaluations [J]. Journal of Consumer Research, 36 (1): 17-28.

BEVERLAND M B, FARRELLY F J, 2010. The quest for authenticity in consumption: consumers' purposive choice of authentic cues to shape experienced outcomes [J]. Journal of Consumer Research, 36 (5): 838-856.

BEVERLAND M B, LINDGREEN A, VINK M W, 2008. Projecting authenticity through advertising: consumer judgments of advertisers' claims [J]. Journal of Advertising, 37 (1):5-15.

BHADURI G, STANFORTH N, 2016. Evaluation of absolute luxury: effects of cues, consumers' need for uniqueness, product involvement and product knowledge on expected price [J]. Journal of Fashion Marketing and Management: An International Journal, 20 (4): 471-486.

BOTTI S, MCGILL A L, 2011. The locus of choice: personal causality and satisfaction with hedonic and utilitarian decisions [J]. Journal of Consumer Research, 37 (6): 1065-1078.

BOWBRICK P, 1993. Pseudo research in marketing: the case of the price/perceived-quality relationship [J]. European Journal of Marketing, 14 (8): 466-470.

BRANNON T N, WALTON G M, 2013. Enacting cultural interests: how intergroup contact reduces prejudice by sparking interest in an out-group's culture [J]. Psychological Science, 24 (10): 1947-1957.

BRASEL S A, GIPS J, 2014. Tablets, touchscreens, and touchpads: how varying touch interfaces trigger psychological ownership and endowment [J]. Journal of Consumer Psychology, 24 (2): 226-233.

BREAKWELL G M, 2015. Coping with threatened identities [M]. Psychology Press.

BREWER M B, PICKETT C L, 2014. Distinctiveness motives as a source of the social self [M]// The psychology of the social self. Psychology Press.

BRINOL P, PETTY R E, TORMALA Z L, 2006. The malleable meaning of subjective ease [J]. Psychological Science, 17 (3): 200-206.

BRYNJOLFSSON E, MCAFEE A, 2011. Race against the machine: how the digital revolution is accelerating innovation, driving productivity, and irreversibly transforming employment and the economy [M]. Lexingtong, KY: Digital Frontier Press.

CARDOZO R N, 1965. An experimental study of customer effort, expectation, and satisfaction [J]. Journal of Marketing Research, 2 (3): 244-249.

CARTER T J, GILOVICH T, 2010. The relative relativity of material and experiential purchases [J]. Journal of Personality and Social Psychology, 98 (1): 146-159.

CASTRO I A, MORALES A C, NOWLIS S M, 2013. The influence of disorganized shelf displays and limited product quantity on consumer purchase [J]. Journal of Marketing, 77 (4): 118-133.

CHAIKEN A L, ALICE H E, 1989. Heuristic and systematic information processing within and beyond the Persuasion Context [M]. J.S. Uleman & J.A. Bargh (eds.), NY: Guilford Press.

CHAIKEN S, 1980. Heuristic versus systematic information processing and the use of source versus message cues in persuasion [J]. Journal of Personality and Social Psychology, 39 (5): 752-766.

CHAIKEN S, 1987. The heuristic model of persuasion, in social infiuence: the ontario symposium. M P Zanna, J M Olson, & C P Herman (eds.) [C]. Hlltsdate, NJ: Erlbaum.

CHAN C, BERGER J, VAN BOVEN L, 2012. Identifiable but not identical: combining social identity and uniqueness motives in choice [J]. Journal of Consumer research, 39 (3): 561-573.

CHARLES K K, HURST E, ROUSSANOV N, 2009. Conspicuous consumption and race [J]. The Quarterly Journal of Economics, 124 (2): 425-467.

CHARLTON A B, CORNWELL T B, 2019. Authenticity in horizontal marketing partnerships: a better measure of brand compatibility [J]. Journal of Business Research, 100（7）：279-298.

CHITTURI R, RAGHUNATHAN R, MAHAJAN V, 2007. Form versus function：how the intensities of specific emotions evoked in functional versus hedonic trade-offs mediate product preferences [J]. Journal of Marketing Research, 44（4）：702-714.

CHOI J, FISHBACH A, 2011. Choice as an end versus a means [J]. Journal of Marketing Research, 48（3）：544-554.

COHEN E, 1988. Authenticity and commoditization in tourism [J]. Annals of Tourism Research, 15（3）：371-386.

COULTER K S, NORBERG P A, 2009. The effects of physical distance between regular and sale prices on numerical difference perceptions [J]. Journal of Consumer Psychology, 19（2）：144-157.

CRITCHLEY H D, MATHIAS C J, JOSEPHS O, et al., 2003. Human cingulate cortex and autonomic control：converging neuroimaging and clinical evidence [J]. Brain, 126（10）：2139-2152.

CROWLEY A E, SPANGENBERG E R, HUGHES K R, 1992. Measuring the hedonic and utilitarian dimensions of attitudes toward product categories [J]. Marketing letters, 3（3）：239-249.

CUTRIGHT K M, SAMPER A, 2014. Doing it the hard way：how low control drives preferences for High-Effort products and services [J]. Journal of Consumer Research, 41（3）：730-745.

DAMON W, HART D, 1991. Self-understanding in childhood and adolescence [M]. CUP Archive.

DAVCIK N S, SHARMA P, 2015. Impact of product differentiation, marketing investments and brand equity on pricing strategies a brand level investigation [J]. European Journal of Marketing, 49（5-6）：760-781.

DHAR R, WERTENBROCH K, 2000. Consumer choice between hedonic and utilitarian goods [J]. Journal of Marketing Research, 37（1）：60-71.

DI Y, ARBAJIAN P, 2014. Understanding alternative choices of handmade cosmetics in the postmodern consumer society[D]. Lund：Lund University.

DICKSON P R, SAWYER A G, 1990. The price knowledge and search of supermarket shoppers [J]. Journal of Marketing, 54（3）：42-53.

DING Y, KEH H T, 2016. A re-examination of service standardization versus customization from the consumer's perspective [J]. Journal of Services Marketing, 30（1）：16-28.

DODDS W B, MONROE K B, GREWAL D, 1991. Effects of price, brand, and store information on buyers' product evaluations [J]. Journal of Marketing Research, 28（3）：307-319.

EPLEY N, GILOVICH T, 2004. Are adjustments insufficient? [J]. Personality and Social Psychology Bulletin, 30(4): 447-460.

EPSTEIN S, 1973. The self-concept revisited : or a theory of a theory [J]. American psychologist, 28(5): 404-416.

EPSTEIN S, PACINI R, DENES-RAJ V, et al., 1996. Individual differences in intuitive-experiential and analytical-rational thinking styles [J]. Journal of Personality and Social Psychology, 71(2): 390-405.

ERICKSON G M, JOHANSSON J K, 1985. The role of price in multi-attribute product evaluations [J]. Journal of Consumer Research, 12(2): 195-199.

EVANS J S B T, 1984. Heuristic and analytic processes in reasoning [J]. British Journal of Psychology, 75(4): 451-468.

EVANS J S B T, 2006. The heuristic-analytic theory of reasoning : extension and evaluation [J]. Psychonomic bulletin & review, 13(3): 378-395.

FEATHERSTONE M, 1991. Consumer culture and postmodernism [M]. London : Sage Publications.

FINE G A, 2003. Crafting authenticity : the validation of identity in self-taught art [J]. Theory and Society, 32(2): 153-180.

FIRAT A F, DHOLAKIA N, VENKATESH A, 1995. Marketing in a postmodern world [J]. European Journal of Marketing, 29(1): 40-56.

FIRAT A F, VENKATESH A, 1993. Postmodernity : the age of marketing [J]. International Journal of research in Marketing, 10(3): 227-249.

FISKE S T, SCHACTER D L, TAYLOR S E, 2013. Preface [J]. Annual Review of Psychology, 64 : 1-12.

FOLKMAN S, LAZARUS R S, 1984. Stress, appraisal, and coping [M]. New York : Springer Publishing Company.

FRANKE N, SCHREIER M, KAISER U, 2010. The "I designed it myself" effect in mass customization [J]. Management science, 56(1): 125-140.

FUCHS C, PRANDELLI E, SCHREIER M, 2010. The psychological effects of empowerment strategies on consumers' product demand [J]. Journal of Marketing, 74(1): 65-79.

FUCHS C, SCHREIER M, VAN OSSELAER S M J, 2015. The handmade effect : what's love got to do with it? [J]. Journal of Marketing, 79(2): 98-110.

GARCIA-RADA X, STEFFEL M, WILLIAMS E F, et al., 2022. Consumers value effort over ease when caring for close others [J]. Journal of Consumer Research, 48（6）: 970-990.

GERARD H B, MATHEWSON G C, 1966. The effects of severity of initiation on liking for a group: a replication [J]. Journal of Experimental Social Psychology, 2（3）: 278-287.

GILMORE J H, PINE B J, 2007. Authenticity: what consumers really want [M]. Boston: Harvard Business Press.

GNEEZY A, IMAS A, BROWN A, et al., 2012. Paying to be nice: consistency and costly prosocial behavior [J]. Management Science, 58（1）: 179-187.

GOEL V, DOLAN R J, 2003. Explaining modulation of reasoning by belief [J]. Cognition, 87（1）: 11-22.

GOLDMAN R, PAPSON S, 1996. Sign wars: the cluttered landscape of advertising [M]. Guilford Press.

GRANULO A, FUCHS C, PUNTONI S, 2021. Preference for human (vs robotic) labor is stronger in symbolic consumption contexts [J]. Journal of Consumer Psychology, 31（1）: 72-80.

GRAYSON K, MARTINEC R, 2004. Consumer perceptions of iconicity and indexicality and their influence on assessments of authentic market offerings [J]. Journal of Consumer Research, 31（2）: 296-312.

GREWAL D, MARMORSTEIN H, 1994. Market price variation, perceived price variation, and consumers' price search decisions for durable goods [J]. Journal of Consumer Research, 21（3）: 453-460.

GREWAL L, STEPHEN A T, 2019. In mobile we trust: the effects of mobile versus nonmobile reviews on consumer purchase intentions [J]. Journal of Marketing Research, 56（5）: 791-808.

GRUBB E L, GRATHWOHL H L, 1967. Consumer self-concept, symbolism and market behavior: a theoretical approach [J]. Journal of Marketing, 31（4）: 22-27.

HAMOUDA M, 2012. Postmodernism and consumer psychology: transformation or break? [J]. International Journal of Academic Research in Business and Social Sciences, 2（1）: 96-117.

HAYES A F, 2017. Introduction to mediation, moderation, and conditional process analysis: a regression-based approach [M]. Guilford publications.

HE J, WANG C L, 2015. Cultural identity and consumer ethnocentrism impacts on preference and purchase of domestic versus import brands: an empirical study in China [J]. Journal of Business Research, 68（6）: 1225-1233.

HICKS S R C, 2004. Explaining postmodernism: skepticism and socialism from Rousseau to Foucault [M]. New York: Scholargy Publishing, Inc.

HIGGINS S H, SHANKLIN W L, 1992. Seeking mass market acceptance for high-technology consumer products [J]. Journal of Consumer Marketing, 9（1）: 5-14.

HILBIG B E, SCHOLL S G, POHL R F, 2010. Think or blink—is the recognition heuristic an "intuitive" strategy? [J]. Judgment and Decision Making, 5（4）: 300-309.

HIRSCHMAN E C, HOLBROOK M B, 1982. Hedonic consumption : emerging concepts, methods and propositions [J]. Journal of Marketing, 46（3）: 92-101.

HOBSON J A, 1919. The evolution of modern capitalism : a study of machine production [M]. London : The Walter Scott publishing co., Ltd.

HSU Y, NGOC N A, 2016. The handmade effect : what is special about buying handmade? [J] International Review of Management and Business Research, 5（2）: 594-609.

HUBBE M A, BOWDEN C, 2009. Handmade paper: a review of its history, craft, and science [J]. BioResources, 4（4）: 1736-1792.

HWANG Y, KO E, MEGEHEE C M, 2014. When higher prices increase sales : how chronic and manipulated desires for conspicuousness and rarity moderate price's impact on choice of luxury brands [J]. Journal of Business Research, 67（9）: 1912-1920.

JAKOB D, 2013. Crafting your way out of the recession? New craft entrepreneurs and the global economic downturn [J]. Cambridge Journal of Regions, Economy and Society, 6（1）: 127-140.

JETTEN J, HORNSEY M J, ADARVES-YORNO I, 2006. When group members admit to being conformist : the role of relative intragroup status in conformity self-reports [J]. Personality and Social Psychology Bulletin, 32（2）: 162-173.

JONSSON A, FOSS N J, 2011. International expansion through flexible replication : learning from the internationalization experience of IKEA [J]. Journal of International Business Studies, 42（9）: 1079-1102.

KAHN B E, BARON J, 1995. An exploratory study of choice rules favored for high-stakes decisions [J]. Journal of Consumer Psychology, 4（4）: 305-328.

KAHNEMAN D, FREDERICK S, 2002. Representativeness revisited : attribute substitution in intuitive judgment, in heuristics &biases : the psychology of intuitive judgment [M]. New York : Cambridge University Press.

KAHNEMAN D, 2011. Thinking, fast and slow [M]. London : Macmillan.

KAHNEMAN D, TVERSKY A, 1973. On the psychology of prediction [J]. Psychological Review, 80（4）: 237-251.

KAPFERER J N, 2014. The artification of luxury : from artisans to artists [J]. Business Horizons,

57（3）：371-380.

KARDES F R, CRONLEY M L, KELLARIS J J, et al., 2004. The role of selective information processing in price-quality inference [J]. Journal of Consumer Research, 31（2）：368-374.

KIM S, LABROO A A, 2011. From inherent value to incentive value：when and why pointless effort enhances consumer preference [J]. Journal of Consumer Research, 38（4）：712-742.

KIRMANI A, WRIGHT P, 1989. Money talks：perceived advertising expense and expected product quality [J]. Journal of Consumer Research, 16（3）：344-353.

KIRMANI A, 1990. The effect of perceived advertising costs on brand perceptions [J]. Journal of Consumer Research, 17（2）：160-171.

KLEIN L R, 1998. Evaluating the potential of interactive media through a new lens：search versus experience goods [J]. Journal of Business Research, 41（3）：195-203.

KOZINETS R V, 2001. Utopian enterprise：Articulating the meanings of star Trek's culture of consumption [J]. Journal of Consumer Research, 28（1）：67-88.

KOZINETS R V, 2019. Consuming technocultures：an extended JCR curation [J]. Journal of Consumer Research, 46（3）：620-627.

KRON J, 1983. Home-psych：The social psychology of home and decoration [M]. Hong Kong：Clarkson Potter.

KRUGER J, WIRTZ D, VAN BOVEN L, et al., 2004. The effort heuristic [J]. Journal of Experimental Social Psychology, 40（1）：91-98.

KRUGH M, 2014. Joy in labour：The politicization of craft from the arts and crafts movement to Etsy [J]. Canadian Review of American Studies, 44（2）：281-301.

KRYJEVSKAIA M, STETZER M K R, GROSZ N, 2014. Answer first：applying the heuristic-analytic theory of reasoning to examine student intuitive thinking in the context of physics [J]. Physical Review Special Topics-Physics Education Research, 10（2）：020109.

KURZBAN R, 2016. The sense of effort [J]. Current Opinion in Psychology, 7：67-70.

KYU KIM B, ZAUBERMAN G, BETTMAN J R, 2012. Space, time, and intertemporal preferences [J]. Journal of Consumer Research, 39（4）：867-880.

LABROO A A, LAMBOTTE S, ZHANG Y, 2009. The "name-ease" effect and its dual impact on importance judgments [J]. Psychological Science, 20（12）：1516-1522.

LALWANI A K, MONROE K B, 2005. A reexamination of frequency-depth effects in consumer price judgments [J]. Journal of Consumer Research, 32（3）：480-485.

LALWANI A K, SHAVITT S, 2013. You get what you pay for? Self-construal influences price-quality judgments [J]. Journal of Consumer Research, 40（2）: 255-267.

LEIGH T W, PETERS C, SHELTON J, 2006. The consumer quest for authenticity: the multiplicity of meanings within the MG subculture of consumption [J]. Journal of the Academy of Marketing Science, 34（4）: 481-493.

LEUNG E, PAOLACCI G, PUNTONI S, 2018. Man versus machine: resisting automation in identity-based consumer behavior [J]. Journal of Marketing Research, 55（6）: 818-831.

LIEBL M, ROY T, 2003. Handmade in India: preliminary analysis of crafts producers and crafts production [J]. Economic and Political Weekly（51/52）: 5366-5376.

LONGONI C, BONEZZI A, MOREWEDGE C K, 2019. Resistance to medical Artificial Intelligence [J]. Journal of Consumer Research, 46（4）: 629-650.

LUUTONEN M, 2008. Handmade memories [J]. Trames, 12（3）: 331-341.

LYNN M, HARRIS J, 1997. Individual differences in the pursuit of self-uniqueness through consumption [J]. Journal of Applied Social Psychology, 27（21）: 1861-1883.

MACCANNELL D, 1973. Staged authenticity: arrangements of social space in tourist settings [J]. American journal of Sociology, 79（3）: 589-603.

MANO H, OLIVER R L, 1993. Assessing the dimensionality and structure of the consumption experience: evaluation, feeling, and satisfaction [J]. Journal of Consumer Research, 20（3）: 451-466.

MAREWSKI J N, SCHOOLER L J, 2011. Cognitive niches: an ecological model of strategy selection [J]. Psychological Review, 118（3）: 393-437.

MARKOFF, JOHN. Skilled work, without the worker[EB/OL].（2012-08-19）[2019-01-03]. http://www.nytimes.com/2012/08/19/business/new wave of adept robots is changing golabl insutry. Html?pagewanted = all.

MARKUS H R, KITAYAMA S, 1991. Culture and the self: implications for cognition, emotion, and motivation [J]. Psychological Review, 98（2）: 224-253.

MARX K, 2007. Economic and Philosophic Manuscripts of 1844 [M]. Dover: Dover Publications.

MCCARTNEY G, MCCARTNEY A, 2020. Rise of the machines: towards a conceptual service-robot research framework for the hospitality and tourism industry [J]. International Journal of Contemporary Hospitality Management, 32（12）: 3835-3851.

MENDE M, SCOTT M L, VAN DOORN J, et al., 2019. Service robots rising: how humanoid robots influence service experiences and elicit compensatory consumer responses [J]. Journal of Marketing Research, 56（4）: 535-556.

MEYNERS J, BARROT C, BECKER J U, et al., 2017. The role of mere closeness : how geographic proximity affects social influence [J]. Journal of Marketing, 81（5）: 49-66.

MICK D G, FOURNIER S, 1998. Paradoxes of technology : consumer cognizance, emotions, and coping strategies [J]. Journal of Consumer Research, 25（2）: 123-143.

MINTEL, 2005. DIY Review 2005 [M]. London : Mintel International.

MOCHON D, NORTON M I, ARIELY D, 2012. Bolstering and restoring feelings of competence via the IKEA effect [J]. International Journal of Research in Marketing, 29（4）: 363-369.

MOHR L A, BITNER M J, 1995. The role of employee effort in satisfaction with service transactions [J]. Journal of Business Research, 32（3）: 239-252.

MOISIO R, ARNOULD E J, GENTRY J W, 2013. Productive consumption in the class-mediated construction of domestic masculinity : Do-it-yourself（DIY）home improvement in men's identity work [J]. Journal of Consumer Research, 40（2）: 298-316.

MORALES A C, 2005. Giving firms an "E" for effort : consumer responses to high-effort firms [J]. Journal of Consumer Research, 31（4）: 806-812.

MORALES A C, FITZSIMONS G J, 2007. Product contagion : changing consumer evaluations through physical contact with "disgusting" products [J]. Journal of Marketing Research, 44（2）: 272-283.

MORHART F, MALÄR L, GUÈVREMONT A, et al., 2015. Brand authenticity : an integrative framework and measurement scale [J]. Journal of Consumer Psychology, 25（2）: 200-218.

MURTI M, 2010. The luxury phenomenon-the globalization of variety [J]. Interdisciplinary Management Research, 6 : 162-176.

NAIL, PAUL R, 1986. Toward an integration of some models and theories of social response. [J]. Psychological Bulletin, 100（2）: 190-206.

NEJAD M N, MOMAYEZ A, 2013. Perception of research and development among handmade carpet entrepreneurs : a case study of Isfahan carpet industry [J]. Kuwait Chapter of the Arabian Journal of Business and Management Review, 3（1）: 95-102.

NELSON P, 1974. Advertising as information [J]. Journal of Political Economy, 82（4）: 729-754.

NELSON P, 1970. Information and consumer behavior [J]. Journal of Political Economy, 78（2）: 311-329.

NEWMAN G E, BLOOM P, 2012. Art and authenticity : the importance of originals in judgments of value. [J]. Journal of Experimental Psychology General, 141（3）: 558-569.

NEWMAN G E, DIESENDRUCK G, BLOOM P, 2011. Celebrity contagion and the value of objects [J]. Journal of consumer research, 38 (2): 215-228.

NICOLAU J L, 2011. Differentiated price loss aversion in destination choice : the effect of tourists' cultural interest [J]. Tourism Management, 32 (5): 1186-1195.

NIEMYJSKA A, 2015. How does love magic work? The regulation of closeness and affect by magical thinking [J]. Journal of Social and Personal Relationships, 32 (1): 57-77.

NORMANN R, RAMIREZ R, 1993. From value chain to value constellation : designing interactive strategy [J]. Harvard BusinessReview, 71 (4): 65-77.

NORTON M I, MOCHON D, ARIELY D, 2012. The IKEA effect : when labor leads to love [J]. Journal of Consumer Psychology, 22 (3): 453-460.

O'CURRY S, STRAHILEVITZ M, 2001. Probability and mode of acquisition effects on choices between hedonic and utilitarian options [J]. Marketing Letters, 12 (1): 37-49.

OKADA E M, 2005. Justification effects on consumer choice of hedonic and utilitarian goods [J]. Journal of Marketing Research, 42 (1): 43-53.

PARK C, LEE T M, 2009. Information direction, website reputation and eWOM effect : a moderating role of product type [J]. Journal of Business Research, 62 (1): 61-67.

PAYNE A F, STORBACKA K, FROW P, 2008. Managing the co-creation of value [J]. Journal of the academy of marketing science, 36 (1): 83-96.

PENALOZA L, 2001. Consuming the American West : animating cultural meaning and memory at a stock show and rodeo [J]. Journal of Consumer Research, 28 (3): 369-398.

PETROSHIUS S M, MONROE K B, 1987. Effect of product-line pricing characteristics on product evaluations [J]. Journal of Consumer Research, 13 (4): 511-519.

PETTY R E, CACIOPPO J T, 1986. The elaboration likelihood modet of persuasion [J]. Advances in Experimental Social Psychology, 19 (2): 55-71.

PETTY R E, WEGENER D T, 1999. The elaboration likelihood model : current status and controversies [M]. Dual process theories in social psychology. New York : Guilford Press.

PHAM M T, 1998. Representativeness, relevance, and the use of feelings in decision making [J]. Journal of Consumer Research, 25 (2): 144-159.

PHILLIPS D J, ZUCKERMAN E W, 2001. Middle-status conformity : theoretical restatement and empirical demonstration in two markets [J]. American Journal of Sociology, 107 (2): 379-429.

POSTMAN N, 2011. Technopoly : The surrender of culture to technology [M]. London : Vintage Books.

PRAHALAD C K, RAMASWAMY V, 2004. Co-creation experiences: the next practice in value creation [J]. Journal of Interactive Marketing, 18（3）: 5-14.

PRALEC D, LOEWENSTEIN G, 1998. The red and black: mental accounting of saving and debt [J]. Marketing Science, 17（1）: 4-28.

PREACHER K J, RUCKER D D, HAYES A F, 2007. Addressing moderated mediation hypotheses: theory, methods, and prescriptions [J]. Multivariate Behavioral Research, 42（1）: 185-227.

PULLMAN M E, VERMA R, GOODALE J C, 2001. Service design and operations strategy formulation in multicultural markets [J]. Journal of Operations Management, 19（2）: 239-254.

PYE D, 1968. The nature and art of workmanship [M]. Cambridge: Cambridge University Press.

RATNER R K, KAHN B E, 2002. The impact of private versus public consumption on variety-seeking behavior [J]. Journal of Consumer Research, 29（2）: 246-257.

READ D, VAN LEEUWEN B, 1998. Predicting hunger: the effects of appetite and delay on choice [J]. Organizational Behavior and Human Decision Processes, 76（2）: 189-205.

REED II A, FOREHAND M R, PUNTONI S, et al., 2012. Identity-based consumer behavior [J]. International Journal of Research in Marketing, 29（4）: 310-321.

REICH T, KUPOR D M, SMITH R K, 2018. Made by mistake: when mistakes increase product preference [J]. Journal of Consumer Research, 44（5）: 1085-1103.

REN X Y, XIA L, DU J G, 2018. Delivering warmth by hand: how consumers responses to different formats of written communication [J]. Journal of Services Marketing, 32（2）: 223-234.

ROSE R L, WOOD S L, 2005. Paradox and the consumption of authenticity through reality television [J]. Journal of Consumer Research, 32（2）: 284-296.

ROSEN S, 1974. Hedonic prices and implicit markets: product differentiation in pure competition [J]. Journal of Political Economy, 82（1）: 34-55.

ROTH S, WORATSCHEK H, PASTOWSKI S, 2006. Negotiating prices for customized services [J]. Journal of Service Research, 8（4）: 316-329.

ROZIN P, MILLMAN L, NEMEROFF C, 1986. Operation of the laws of sympathetic magic in disgust and other domains [J]. Journal of personality and social psychology, 50（4）: 703.

RUBIN M, PAOLINI S, CRISP R J, 2010. A processing fluency explanation of bias against migrants [J]. Journal of Experimental Social Psychology, 46（1）: 21-28.

SAEEDI N, ASKARI MASOULEH S, MAHDAVI KOOCHAKSARAEI H, et al., 2012. Surveying the role of creativity and innovation strength on Iran's carpet industry compatibility [J].

Journal of Basic and Applied Scientific Research, 2 (12): 12184-12191.

SALAMONE F A, 1997. Authenticity in tourism : the San Angel inns [J]. Annals of Tourism Research, 24 (2): 305-321.

SANDVIK I L, SANDVIK K, 2003. The impact of market orientation on product innovativeness and business performance [J]. International journal of Research in Marketing, 20 (4): 355-376.

SCHALLEHN M, BURMANN C, RILEY N, 2014. Brand authenticity : model development and empirical testing [J]. Journal of Product & Brand Management, 23 (3): 192-199.

SCHLOSSER A E, 2009. The effect of computer-mediated communication on conformity vs nonconformity : an impression management perspective [J]. Journal of Consumer Psychology, 19 (3): 374-388.

SCHNURR B, FUCHS C, MAIRA E, et al., 2022. Sales and self : the noneconomic value of selling the fruits of one's labor [J]. Journal of Marketing, 86 (3): 40-58.

SCHRIFT R Y, NETZER O, KIVETZ R, 2011. Complicating choice [J]. Journal of Marketing Research, 48 (2): 308-326.

SCHROLL R, SCHNURR B, GREWAL D, 2018. Humanizing products with handwritten typefaces [J]. Journal of Consumer Research, 45 (3): 648-672.

SCHUNK D H, 1983. Ability versus effort attributional feedback : differential effects on self-efficacy and achievement [J]. Journal of Educational Psychology, 75 (6): 848.

SELA A, BERGER J, LIU W, 2009. Variety, vice, and virtue : how assortment size influences option choice [J]. Journal of Consumer Research, 35 (6): 941-951.

SELA A, HADAR L, MORGAN S, et al., 2019. Variety-seeking and perceived expertise [J]. Journal of Consumer Psychology, 29 (4): 671-679.

SHAH A K, OPPENHEIMER D M, 2008. Heuristics made easy: an effort-reduction framework [J]. Psychological bulletin, 134 (2): 207-222.

SIMON B, BROWN R, 1987. Perceived intragroup homogeneity in minority-majority contexts [J]. Journal of Personality and Social Psychology, 53 (4): 703-711.

SIMONSON I, NOWLIS S M, 2000. The role of explanations and need for uniqueness in consumer decision making : unconventional choices based on reasons [J]. Journal of Consumer Research, 27 (1): 49-68.

SINCLAIR M, 2003. What touches you is what you touch [J]. Creative Review, 23 (3): 50.

SIRGY M J, 1982. Self-concept in consumer behavior : a critical review [J]. Journal of Consumer Research, 9 (3): 287-300.

SLUGOSKI B R, SHIELDS H A, DAWSON K A, 1993. Relation of conditional reasoning to heuristic processing [J]. Personality and Social Psychology Bulletin, 19（2）：158-166.

SNYDER C R, FROMKIN H L, 1977. Abnormality as a positive characteristic : the development and validation of a scale measuring need for uniqueness [J]. Journal of Abnormal Psychology, 86（5）：518-527.

SÖDERLUND M, SAGFOSSEN S, 2017. The consumer experience : the impact of supplier effort and consumer effort on customer satisfaction [J]. Journal of Retailing and Consumer Services, 39（6）：219-229.

SONG D, LEE J, 2013. Balancing "we" and "I" : self-construal and an alternative approach to seeking uniqueness [J]. Journal of Consumer Behaviour, 12（6）：506-516.

SPENCER S J, ZANNA M P, FONG G T, 2005. Establishing a causal chain : why experiments are often more effective than mediational analyses in examining psychological processes [J]. Journal of Personality and Social Psychology, 89（6）：845-851.

STAVROVA O, NEWMAN G E, KULEMANN A, et al., 2016. Contamination without contact : an examination of intention-based contagion [J]. Judgment and Decision making, 11（6）：554.

STRAHILEVITZ M, MYERS J G, 1998. Donations to charity as purchase incentives : how well they work may depend on what you are trying to sell [J]. Journal of Consumer Research, 24（4）：434-446.

SWAMINATHAN V, STILLEY K M, AHLUWALIA R, 2009. When brand personality matters : the moderating role of attachment styles [J]. Journal of Consumer Research, 35（6）：985-1002.

THOMAS M, TSAI C I, 2012. Psychological distance and subjective experience : how distancing reduces the feeling of difficulty [J]. Journal of Consumer Research, 39（2）：324-340.

THOMPSON C J, TROESTER M, 2002. Consumer value systems in the age of postmodern fragmentation：the case of the natural health microculture [J]. Journal of Consumer Research, 28（4）：550-571.

THOMSON M, MACINNIS D J, WHAN PARK C, 2005. The ties that bind : measuring the strength of consumers' emotional attachments to brands [J]. Journal of Consumer Psychology, 15（1）：77-91.

TIAN K T, BEARDEN W O, HUNTER G L, 2001. Consumers' need for uniqueness : scale development and validation [J]. Journal of Consumer Research, 28（1）：50-66.

TOFFLER A, ALVIN T, 1980. The third wave [M]. New York : Bantam books.

TORELLI C J, AHLUWALIA R, CHENG S Y Y, et al., 2017. Redefining home : how cultural distinctiveness affects the malleability of in-group boundaries and brand preferences [J]. Journal of Consumer Research, 44 (1): 44-61.

TULLY S M, SHARMA E, 2018. Context-dependent drivers of discretionary debt decisions: explaining willingness to borrow for experiential purchases [J]. Journal of Consumer Research, 44 (5): 960-973.

TVERSKY A, KAHNEMAN D, 1974. Judgment under uncertainty: heuristics and biases [J]. Science, 185 (4157): 1124-1131.

VADAKEPAT D V, AL KHATEEB F, 2012. Globalizing rural markets: evidence from handmade traditional product markets [J]. Global Journal of Business Research, 6 (4): 35-43.

VAN RAAIJ W F, 1993. Postmodern consumption [J]. Journal of Economic Psychology, 14 (3): 541-563.

VAN BOVEN L, GILOVICH T, 2003. To do or to have? That is the question [J]. Journal of Personality and Social Psychology, 85 (6): 1193-1202.

VIGNOLES V L, CHRYSSOCHOOU X, BREAKWELL G M, 2000. The distinctiveness principle: identity, meaning, and the bounds of cultural relativity [J]. Personality and Social Psychology Review, 4 (4): 337-354.

WADA K, NITTONO H, 2004. Cancel and rethink in the Wason selection task: further evidence for the heuristic-analytic dual process theory [J]. Perceptual and motor skills, 98 (3): 1315-1325.

WANG Z, MAO H, LI Y J, et al., 2017. Smile big or not? Effects of smile intensity on perceptions of warmth and competence [J]. Journal of Consumer Research, 43 (5): 787-805.

WATSON M, SHOVE E, 2008. Product, competence, project and practice: DIY and the dynamics of craft consumption [J]. Journal of Consumer Culture, 8 (1): 69-89.

WEINER, B, 1972. Theories of Motivation: From Mechanism to Cognition [M]. Oxford: Markham.

WERTENBROCH K, 1998. Consumption self-control by rationing purchase quantities of virtue and vice [J]. Marketing Science, 17 (4): 317-337.

WHITLEY S C, TRUDEL R, KURT D, 2018. The influence of purchase motivation on perceived preference uniqueness and assortment size choice [J]. Journal of Consumer Research, 45 (4): 710-724.

WILLIAMS L E, BARGH J A, 2008. Keeping one's distance: the influence of spatial distance cues on affect and evaluation [J]. Psychological Science, 19 (3): 302-308.

WOLF M, MCQUITTY S, 2011. Understanding the do-it-yourself consumer: DIY motivations and outcomes [J]. AMS review, 1 (3): 154-170.

WU L, LEE C, 2016. Limited edition for me and best seller for you: the impact of scarcity versus popularity cues on self versus other-purchase behavior [J]. Journal of Retailing, 92 (4): 486-499.

XIA N, RAJAGOPALAN S, 2009. Standard vs custom products: variety, lead time, and price competition [J]. Marketing science, 28 (5): 887-900.

YAMAGUCHI S, KUHLMAN D M, SUGIMORI S, 1995. Personality correlates of allocentric tendencies in individualist and collectivist cultures [J]. Journal of Cross-Cultural Psychology, 26 (6): 658-672.

YAN D, SENGUPTA J, 2011. Effects of construal level on the price-quality relationship [J]. Journal of Consumer Research, 38 (2): 376-389.

YANG Z, SUN S, LALWANI A K, et al., 2019. How does consumers' local or global identity influence price–perceived quality associations? The role of perceived quality variance [J]. Journal of Marketing, 83 (3): 145-162.

YOUNG S, FEIGIN B, 1975. Using the benefit chain for improved strategy formulation [J]. Journal of Marketing, 39 (3): 72-74.

ZBUCHEA A, 2012. Cultural interests while on holidays: an exploratory investigation [J]. Journal of Tourism Challenges and Trends, 5 (2): 53-70.

ZEITHAML V A, 1988. Consumer perceptions of price, quality, and value: a means-end model and synthesis of evidence [J]. Journal of Marketing, 52 (3): 2-22.

ZHAO X, LYNCH JR J G, CHEN Q, 2010. Reconsidering Baron and Kenny: myths and truths about mediation analysis [J]. Journal of Consumer Research, 37 (2): 197-206.